O SEGREDO DA VIDA PLENA

PATRICIA HOLBROOK

Prefácio **JUNIOR ROSTIROLA**

O SEGREDO DA VIDA PLENA

Construindo a Ponte da Fé entre a **mente** e o **coração**

NOVO CÉU

Título original: *Twelve Inches*
© 2015 por Patricia Holbrook

Direitos de edição da obra em língua portuguesa no Brasil adquiridos pela Novo Céu, selo da Editora Nova Fronteira Participações S.A. Todos os direitos reservados. Nenhuma parte desta obra pode ser apropriada e estocada em sistema de banco de dados ou processo similar, em qualquer forma ou meio, seja eletrônico, de fotocópia, gravação etc., sem a permissão do detentor do copirraite. Todas as referências bíblicas utilizadas nesta obra foram baseadas na Nova Versão Internacional (NVI), a não ser quando expressamente indicado.

Alguns nomes de personagens de relatos foram modificados para garantir a privacidade e a segurança das pessoas citadas.

Editora Nova Fronteira Participações S.A.
Av. Rio Branco, 115 – Salas 1201 a 1205 – Centro – 20040-004
Rio de Janeiro — RJ — Brasil
Tel.: (21) 3882-8200

Imagem de capa: TanyaJoy/iStock

Dados Internacionais de Catalogação na Publicação (CIP)

H724s   Holbrook, Patricia

O segredo da vida plena: construindo a Ponte da Fé entre a mente e o coração / Patricia Holbrook. – Rio de Janeiro: Novo Céu, 2024.
224 p.; 15,5 x 23 cm

Título original: *Twelve Inches*

ISBN: 978-65-84786-26-4

1. Virtudes e valores. I. Título.

CDD: 220
CDU: 270

André Felipe de Moraes Queiroz – Bibliotecário – CRB-4/2242

Conheça outros títulos da editora

SUMÁRIO

Agradecimentos … 9
Prefácio … 13
Endossos … 17
Introdução … 21

PARTE 1 – A FALTA DE CONEXÃO … 25
Capítulo 1 – Quando sua mente está faminta … 27
Capítulo 2 – Quando seu coração acredita em mentiras … 39
Capítulo 3 – Dores de estimação: quando você é escravizado pelo seu passado … 51
Capítulo 4 – Quando você se envolve com a turma errada … 63
Capítulo 5 – Quando você amaldiçoa a própria vida … 75

PARTE 2 – CONSTRUINDO A PONTE … 89
Capítulo 6 – Passando um tempo com o Arquiteto … 91
Capítulo 7 – Preparando o terreno … 115
Capítulo 8 – Um passo de cada vez … 133
Capítulo 9 – O poder da Palavra de Deus … 149
Capítulo 10 – O poder das suas palavras … 163
Capítulo 11 – Não interrompa o progresso! … 173
Capítulo 12 – Conectando-se ao serviço … 189
Conclusão – Manutenção contínua … 205

Para Steve. A vida é muito melhor com você. Amo você cada vez mais.

Agradecimentos

Há treze anos, quando Deus me chamou para começar o ministério Soaring with Him [Planando com Ele], tive muitas dúvidas, medo de rejeições e uma sensação de incapacidade. Como Moisés, eu sabia que era Deus quem estava me chamando, mas certamente sabia também que estava completamente despreparada para a tarefa. Apesar desses sentimentos, escolhi construir a "ponte dos 30 centímetros" e simplesmente dizer ao meu coração para confiar no Deus que minha mente conhece. A publicação deste livro nada mais é que uma sequência de eventos milagrosos orquestrados divinamente com o propósito de trazer glória ao nome de Deus e apontar na direção de seu Filho. Não sou nada além de um vaso de barro, "para mostrar que este poder que a tudo excede provém de Deus, e não de nós" (2Coríntios 4:7).

A Yahweh, o Deus da Aliança, e seu Filho Yeshua, Messias: obrigado por me confiares um pedaço do Reino. Eu te dou toda a glória.

Quando Deus nos escolhe para ser os destinatários de suas maravilhosas dádivas, ele se alegra em usar pessoas em nossa vida para proporcionar as oportunidades. Eu certamente não teria terminado sequer a primeira página se não fosse por uma multidão de pessoas torcendo por mim ao longo do caminho.

Para meu maravilhoso marido Steve: você é o maior presente de Deus para mim. Você acredita em mim quando eu mesma não acredito. Você me animava quando eu estava desencorajada; cuidou de mim quando eu estava doente. Você me faz rir, e isso não tem preço. Você é o maior exemplo na minha vida de alguém que tem uma sólida "Ponte da Fé" ligando a mente ao coração. Eu amo você com um amor que não pode ser descrito com palavras. Vamos envelhecer juntos!

PARA MINHAS FILHAS Adriana e Isabella — minhas líderes de torcida. Quando eu era uma adolescente, sonhava em ter filhas. Mesmo quando os médicos me diziam que eu não poderia conceber, eu continuava acreditando. Vocês são a graça de Deus em carne. Vocês me fazem uma pessoa melhor. Eu adoro assistir enquanto vocês se transformam em lindas mulheres que amam Jesus, a família e as pessoas que as cercam. Mal posso esperar para ver o que Deus vai fazer por intermédio de vocês. Obrigada por dividirem o tempo com o meu computador cada vez que Deus põe uma mensagem no meu coração. Eu amo vocês!

PARA MINHA MÃEZINHA e meu paizinho: obrigada a vocês por todos os sacrifícios que fizeram e ainda fazem por mim e por minha família. Obrigada por virem para os Estados Unidos sempre que não consigo ir ao Brasil. Vocês são os melhores pais que alguém poderia ter, exemplos vivos do amor e da graça de Deus.

PARA JORGE: OBRIGADA por ser como um segundo pai maravilhoso para mim e para minha família. Nós te amamos.

PARA MINHA IRMÃ Ana Maria, cunhado Ivan, sobrinho Ivan e esposa Silvia, Matheus e esposa Dali. E para o irmão mais fiel do mundo, João Guilherme: sinto muito a falta de vocês! Eu gostaria que ainda morássemos a apenas algumas horas de distância, como costumava ser, mas sabemos que nossos corações estão sempre juntos. Eu amo todos vocês!

PARA A FAMÍLIA inteira de meu marido, especialmente os meus sogros Marion e Pauline. Obrigada por me acolher e por estarem sempre à disposição, mesmo quando me mudei para ficar a 10 mil quilômetros de distância.

MINHA IMENSA GRATIDÃO ao meu tio, Walmir Damiani Correia, professor aposentado de inglês, que não somente despertou em mim o amor pelo idioma já na minha infância, como também foi importante no processo de adaptação do meu livro para o português. A ele e sua esposa, minha tia Sidnéia, também o meu agradecimento eterno por suas orações fiéis pela minha salvação.

PARA A EQUIPE do Soaring with Him: Terri, Bettina, Lilly, Christy, Adriana e meu irmão Guigo. Não poderia ter pedido a Deus por um grupo melhor. Com certeza, não teria terminado o manuscrito a tempo se não fosse por esses *santos* maravilhosos que me cobriram de orações. Amo muito cada um de vocês por terem acreditado em mim. Quando meu prazo para entregar o manuscrito do livro estava se esgotando, eu ia a uma lanchonete nas manhãs de sábado e relacionava o grupo que precisava orar por isso.

Para meu pastor, doutor Charles Stanley. Quando nos reunimos na Primeira Igreja Batista de Atlanta em 2000, eu era uma cristã recém-convertida. Através de seu ensino prático e do encorajamento vindo do púlpito todo domingo, você instalou em meu coração o desejo de "obedecer a Deus e deixar todas as consequências para ele". Essas foram exatamente as suas palavras. A publicação deste livro é apenas um dos exemplos dos resultados obtidos pela aplicação desses princípios de vida. Seus ensinos me guiaram através de várias tempestades e me encorajaram a crer e confiar em Deus. Minha família toda é abençoada por pertencer ao seu ministério. Obrigada, pastor! [*Nota da Autora: a jornada do nosso querido pastor Dr. Stanley na Terra acabou em abril de 2023. Seus ensinamentos, que tanto impactaram a minha vida, agora descem comigo ao meu país. É só mais uma joia na coroa desse santo de Deus.*]

Para o pastor Rodney Brooks e sua esposa Michelle. Quando Deus me chamou para o ministério, Rodney foi o primeiro a acreditar em mim. Concordou em distribuir meus devocionais para o FBA Worship Choir, fazendo desse grupo um coral de mais de duzentas pessoas, meu primeiro público. Michelle convidou-me para falar pela primeira vez diante de um ministério de música. Você é um exemplo verdadeiro de liderança evangélica.

Para o Atlanta Worship Choir. Vocês foram meu primeiro público e não têm ideia de quantas vezes seus comentários encorajadores me ajudaram a ganhar uma nova determinação para continuar escrevendo. Quando passei pelo câncer, vocês estavam ao meu lado, erguendo-me em orações e canções. Eu sou abençoada por fazer parte desse grupo espetacular de pessoas. Definitivamente, é mais do que cantar! Obrigada por ler e compartilhar meus devocionais.

Para Tracy Brown do jornal The Atlanta Journal-Constitution (AJC). Obrigada por acreditar em meus escritos, me dando a chance de escrever uma coluna de fé num jornal secular de destaque. Vocês foram o instrumento para levar minha mensagem a um público maior. Para Patty Murphy, minha editora no AJC, obrigada pelo encorajamento e pelas informações úteis. Que Deus abençoe vocês duas.

Para Marcus e Lisa Ryan. Muito obrigada por terem conversado com meu marido a respeito do processo de publicação no mercado editorial. Sua franqueza e seus conselhos nos fizeram sentir mais confiantes para embarcar nessa jornada.

Para meus amigos e endossantes: Amy Carroll, do Ministério Provérbios 31; Audra Haney, do Clube 700; Eleni Leite, do Ministério Internacional Precepts; George Saffo, do iDisciple; David Miller, do Life Letter Café; Carol Smith, do Operation Christmas Child; Yvonne Conte, do Ministério Day of Joy; Kimberly Rae, apresentadora de tv; Lisa Ryan, autora; Jim Haines, pastor da Primeira Igreja Batista de Dallas; Rodney Brooks e Mary Gellersted, ambos da Primeira Igreja Batista de Atlanta. Obrigada pelo tempo dispensado na leitura do meu manuscrito e por endossar a mensagem contida nele. Cada um de vocês tem tocado a minha vida de uma forma especial. Que Deus possa abençoar vocês grandemente.

"Existe amigo mais chegado que um irmão." Provérbios 18:24. Eu gostaria de dar um minuto para agradecer meus amigos mais próximos neste mundo, pessoas que se fizeram presentes comigo e minha família de diversas formas, pessoas com quem podemos sempre contar. Alguns de vocês deram um suporte vital ao meu ministério desde sua criação, encorajando-me em cada pequena vitória. Outros simplesmente estiveram junto da minha família nos bons e maus momentos, tornando um pouco mais fácil manter a fé durante as provações da vida. Amo muito vocês por me amarem: Adriana e Julio Valgas, Terri e Price Potter, Robin e Keidra McKibben, Bettina e Mike Rann, Connie e Jerry Allen, Stephanie e Joey Wilkins, Chasity e Dave Dedman, Shary e Rog Dyer, Sandra e Erol Onal.

E, finalmente, um agradecimento especial para as seguintes pessoas que foram instrumentais na publicação e no lançamento deste livro no Brasil:

Pastor Junior Rostirola e sua esposa, Michele Rostirola — obrigada por seu apoio para o lançamento deste livro! Obrigada, pastor Junior, por suas palavras maravilhosas no prefácio, e por ter colocado a sua equipe à minha disposição durante o processo. Sem o seu apoio e a ajuda deles, este livro não estaria nas mãos dos leitores brasileiros. Vocês foram instrumentos de Deus no cumprimento dessa promessa para a minha vida e eu jamais os esquecerei. Um carinho muito especial e agradecimentos sinceros ao Pastor Fábio e a Amanda Stofela, ambos parte da equipe de liderança da Igreja Reviver, Itajaí/SC, e do *Café com Deus Pai*. O carinho, a humildade e a atenção que todos vocês me deram não têm preço.

Omar Souza, meu querido editor na Ediouro — cada vez que escuto suas mensagens de áudio o seu sorriso vem junto. Obrigada pelo apoio, cuidado e constante encorajamento nesse processo. *You are the best!*

Prefácio

Portanto, irmãos, peço, pelas misericórdias de Deus, que ofereçam o corpo de vocês como sacrifício vivo, santo e agradável a Deus: este é o culto racional de vocês (Romanos 12:1).

Quando a pena do apóstolo Paulo deslizou sobre o pergaminho, delineando as palavras que ecoariam através dos séculos, ele estava ciente da essência do seu chamado. Não escrevia para meros espectadores da fé, mas para aqueles que já haviam experimentado o mistério do Evangelho. Os destinatários de sua epístola em Roma eram cristãos, mas o apóstolo percebia uma lacuna entre o conhecimento intelectual e a vivência integral da verdade.

A epístola aos Romanos é um tratado teológico profundo, mas não é uma mera explanação doutrinária; é um chamado à ação, uma convocação para uma vida de santidade e serviço. Paulo reconheceu que os crentes em Roma possuíam uma fé notável, mas ele ansiava por algo mais do que uma aceitação superficial do Evangelho. Ele ansiava por uma entrega total, por uma devoção que transformasse não apenas suas mentes, mas seus corações e suas vidas.

Paulo não estava apenas interessado em transmitir informação, mas em incitar uma transformação profunda. Ele clamava por corações ardentes, mentes renovadas, vidas consagradas. Pois, para o apóstolo, a fé não era uma questão de mera adesão intelectual, mas uma jornada de entrega completa, um culto racional permeando todas as esferas da existência.

Assim como Paulo, Patricia Holbrook trilhou seu próprio caminho rumo à plenitude da vida cristã. Inicialmente, ela absorveu o Evangelho em sua mente, assimilando-o como um conjunto de verdades doutrinárias. No entanto, mesmo com uma sede insaciável pelo novo de Deus, ela observou que faltava a conexão vital entre a teoria e a prática, entre o conhecimento intelectual e a paixão do coração.

O *segredo da vida plena*, tema central deste livro inspirador, não reside em fórmulas simplistas ou em conceitos abstratos. É, antes de tudo, a jornada de atravessar a ponte de 30 centímetros, distância que separa a mente do coração, permitindo que o Evangelho transforme não apenas nossa compreensão, mas nossa existência por completo. Ao desvendar esse segredo, Patricia Holbrook não oferece soluções rápidas ou conselhos superficiais. Pelo contrário, ela nos convida a uma jornada de descoberta interior, na qual o Espírito Santo opera a metamorfose que nos conduz à plenitude da vida em Cristo.

Em um mundo marcado pela superficialidade e pela busca incessante por prazeres passageiros, *O segredo da vida plena* é um farol na escuridão, apontando-nos para uma fonte de alegria e um contentamento duradouros. Patricia Holbrook nos lembra que a verdadeira plenitude não é encontrada nas coisas deste mundo, mas na presença transformadora de Deus em nossas vidas. É uma jornada de autoconhecimento e renovação espiritual, em que cada passo nos leva para mais perto do coração de nosso Pai.

Ao mergulharmos nas páginas deste livro inspirador, somos imediatamente envolvidos por uma torrente de sabedoria e compaixão, refletindo a jornada espiritual única da própria autora. Patricia não apenas compartilha seus *insights* teológicos e sua compreensão das Escrituras, mas também abre as portas de seu coração, revelando suas lutas, suas dúvidas e suas vitórias na busca por uma vida verdadeiramente plena em Cristo.

Neste livro, Patricia nos convida a explorar os recônditos mais profundos de nossa alma, confrontando nossos medos, nossas inseguranças e nossas falhas com coragem e humildade. Ela nos encoraja a deixar para trás as máscaras que usamos para esconder nossas fraquezas e a nos rendermos completamente ao amor incondicional de Deus. É uma jornada de cura e transformação, por meio da qual somos convidados a nos tornar quem realmente fomos criados para ser.

A mensagem de *O segredo da vida plena* é um convite para uma vida de propósito e significado, na qual cada desafio é uma oportunidade de crescimento espiritual e cada vitória é uma celebração da graça de Deus. Patricia nos lembra que a verdadeira plenitude não é encontrada em realizações pessoais ou conquistas materiais, mas na intimidade com o nosso Criador e no serviço ao próximo.

Que as palavras inspiradas de Patricia sirvam como um guia para sua própria jornada espiritual, levando-o a uma maior intimidade com o divino e a uma vida de paz, alegria e plenitude em Cristo. Que o Senhor abençoe abundantemente sua leitura e que você seja ricamente transformado pelo poder da mensagem deste livro extraordinário.

Um forte abraço!

Junior Rostirola
Pastor da Igreja Reviver (Itajaí, SC)
e autor do best-seller *Café com Deus Pai*

Endossos

"Em *O segredo da vida plena*, Patricia Holbrook fornece um recurso que não apenas nos ajuda a entender onde e como permitimos que nossa mente seja vulnerável, arriscando sucumbir à dúvida durante os momentos de derrota e provações, mas também um roteiro para encontrar e experimentar a diferença transformadora e vivificante entre uma existência vivida *para* Cristo... e uma vida vivida *em* Cristo — a vida plena e transbordante que nosso Pai Celestial projetou para nós desde o início."

Reverendo David B. Miller

"Embora eu tenha sido uma seguidora passional e estudante de Jesus por cerca de 35 anos, frequentemente me descubro numa tensão entre o que digo que acredito e como vivo. Em *O segredo da vida plena*, Patricia Holbrook nos conduz em uma viagem pela ponte que nos conduz à fé profunda. Passo a passo, ela nos encaminha por sobre essa ponte direto à vida plena em Jesus. Terminei o livro de Patricia com minhas mãos cheias de ferramentas que preciso para viver uma fé maior."

Amy Carroll, escritora e oradora no Ministério Provérbios 31

"*O segredo da vida pleno* é menos um livro e mais uma conversa com uma amiga de fé. Cheio de transparência, vulnerabilidade e fidelidade com a verdade de Deus, este livro poderoso bate à sua porta de muitas formas. As palavras de Patricia confortam e desafiam, revelam e redirecionam, oferecem humildade e ajuda. É um lindo presente para o Corpo de Cristo, e o recomendo com ênfase."

Audra Haney, escritora e produtora do programa de TV Clube 700

"Eu adorei este livro extremamente instigante, que leva à resposta de importantes perguntas: como posso desenvolver um relacionamento relevante com Deus além de um mero conhecimento intelectual d'Ele? Como posso continuar a acreditar quando as dificuldades atacam e minhas emoções impedem uma grande fé? Acredito que este livro contém os princípios bíblicos que, se aplicados, possuem o poder de transformar corações e mentes e encorajar muitos a servir ao Senhor sinceramente. Eu o recomendo enfaticamente!"

Eleni Leite, diretora de Países de Língua Portuguesa do Ministério Precepts International

"O livro de Patricia Holbrook, sem dúvida, me despertou espiritualmente e me lembrou que ser filho de Deus é mais do que ir à igreja e ser uma boa pessoa. Seus testemunhos pessoais e sua candura trazem realidade às páginas, tornando seus ensinos muito relevantes. Com certeza manterei o foco em Jesus em tudo que fizer e, em tempos difíceis, direi ao meu coração o que sei a respeito de Deus: Ele é quem me cura, liberta, é meu Amigo constante e Salvador. Obrigado, Patrícia, por seguir a liderança do Espírito de Deus para escrever este livro. Ele será bênção para todos que o lerem."

George Saffo, gerente de Aquisição de Conteúdos da iDisciple

"*O segredo da vida plena* é uma lembrança reveladora do amor infinito de Deus por seus filhos. Com honestidade total, Patricia permite a seus leitores descobrir a verdade pura por trás de nossa desconexão com o Pai e tudo aquilo que ele deseja para nós. Na experiência da sua própria vida, ela capturou de maneira notável a essência do que significa construir a "Ponte de Fé de 30 centímetros", e nos traz um desafio envolvente para fazermos o mesmo! Maravilhosamente escrito, é um livro que todo cristão deveria ler e compartilhar com um amigo não crente, ou com um ente querido."

Rodney Brooks, ministro de Música da Primeira Igreja Batista de Atlanta

"Solidão. Perda. Câncer. Patricia Holbrook passou por provações pessoais suficientes para saber o que é questionar o que Deus está fazendo e, às vezes, até duvidar de Sua bondade. *O segredo da vida plena* é um livro que fala sobre confiar em Deus, mesmo nas provações mais sombrias da vida, ao trilhar a estrada que nos leva a viver a verdade do amor imensurável de Deus, independentemente das circunstâncias."

Carol Smith, coordenadora de área da Operação Criança Cristã

"Toda mulher que se sente derrotada, estressada, insegura ou apenas cansada de querer uma vida plena que não consegue encontrar, deve ler este livro! Eu fui abençoada por ele e planejo manter uma cópia na minha biblioteca para ler e me referendar no futuro — pessoalmente e como ministra."

Kimberly Rae, escritora

"A distância pode ser curta, mas a jornada pode levar uma vida inteira. Em *O segredo da vida plena*, Patricia constrói a ponte entre as emoções e o que se conhece a respeito de Deus. Este livro ajudará você a viver a realidade e a maturidade espiritual que tanto anseia. Patricia compartilha a própria jornada de forma a ajudar o leitor a se tornar um cristão vibrante. Você descobrirá que são necessários apenas 30 centímetros para amar o Senhor de todo o seu coração e com toda a sua mente."

Lisa Ryan, apresentadora de TV, escritora e palestrante

"Patricia nos forneceu uma grande ferramenta para ajudar a entender a diferença entre a maneira como nos sentimos e o que conhecemos como verdade. É uma leitura fácil, com histórias de uma vida autêntica e exemplos de como Deus trabalhou na vida dela e pode trabalhar na nossa."

Yvonne Conte, Ministério Day of Joy

"Com conhecimento e amor, este livro ajuda a entender melhor nossa fé pessoal em Deus, ao mesmo tempo que nos incentiva a construir a nossa ponte de 30 centímetros do cérebro ao coração para evitar que as emoções guiem o nosso destino. É um recurso perspicaz e útil para nos ajudar a aprender que Deus tem muito mais para nós do que esperamos. [...] Somos lembrados que Deus tem o poder de nos refazer de maneira singular. A sociedade na qual vivemos está precisando ouvir isso. Uma leitura muito importante."

Mary Gellerstedt, diretora de Missões Globais da Primeira Igreja Batista de Atlanta

"Eu conheço Patricia e Steve há muitos anos. Eles são extraordinários, e sou abençoado por tê-los como amigos. Você tem o dever de ler este livro e aprender a partir da experiência de Patricia com provações, tentações, testes e confiança no Senhor. O conselho que ela nos dá neste livro é bíblico e nasceu de sua própria experiência para conhecer melhor o Senhor."

Jim Haines, pastor e ministro de adultos e idosos da Primeira Igreja Batista de Dallas

Introdução

GRÁVIDA DE NOSSA FILHA MAIS NOVA, EU ESTAVA SENTADA À MESA DA SALA de jantar, repassando lentamente as rotinas do dia. A xícara de café descafeinado sobre a mesa estava intocada. Minha Bíblia estava diante de mim, aberta numa página que mostrava marcas de muitas releituras do mesmo trecho. Na verdade, eu havia decidido estudar mais uma vez o Evangelho de João, pois a história de amor do querido apóstolo sobre o Salvador continua a ser uma das minhas favoritas. Sentia-me um pouco perdida, enfrentando um deserto espiritual, e cheguei a questionar Deus sobre os acontecimentos dos últimos meses: uma empresa falida que estava causando um grande estresse financeiro, encabeçando uma lista cada vez maior de reclamações que eu vinha apresentando a Deus todos os dias em oração.

Estava no décimo capítulo de João quando li o versículo que me impulsionaria a uma nova fase da minha caminhada espiritual. O versículo se encontrava lá, destacado, sublinhado, prova de que já havia sido estudado antes. Mas, naquele dia, João 10:10 saltou da página para abraçar o meu coração:

"Eu vim para que tenham vida, e a tenham plenamente."

Por um momento, fiquei ali, absorvendo a mensagem. "Vida plena", pensei, admitindo para mim mesma, "não estou vivendo uma vida plena". Talvez uma vida agitada, plena de atividades, mas não com o tipo de plenitude sobre a qual Jesus falava ali. De jeito nenhum!

Enquanto eu meditava as palavras de Jesus, uma percepção sombria começou a encher minha alma: eu estava seguindo os movimentos rotineiros de religião. Frequentava a igreja, lia a Bíblia, fazia minhas orações, mas, lá no fundo, me sentia vazia e insatisfeita. Minha fé era apenas superficial, e minha caminhada espiritual, frágil. Não, a vida não estava plena, de forma alguma, e a constatação da minha fragilidade espiritual me entristeceu.

Os hormônios da minha gravidez me levaram a admitir que poderia, naquele momento, ser consolada por um bom choro. No entanto, mais do que qualquer outra coisa, percebi que queria mais. A vida "plena" prometida por Cristo. Era isso que eu desejava, uma fé sólida como uma rocha, aquela fé em que se consegue enxergar além das circunstâncias. Sim, era isso que eu queria e estava determinada a encontrar — a fé que Jesus prometeu.

Descobri que não estava sozinha naquilo. De acordo com uma pesquisa realizada em 2006 pelo Grupo Barna,[1] 45% dos estadunidenses professam ser cristãos nascidos de novo. Se isso for verdade, como explicar o estado em que se encontra a sociedade desse país atualmente? Se mais cristãos vivessem de segunda a sábado as coisas que professam nas manhãs de domingo, não apenas os Estados Unidos, onde moro, mas o mundo todo seria um lugar melhor e mais feliz para se viver.

Será que nós, cristãos, estamos perdendo aquilo que nos destacou no mundo quase como super-heróis no alvorecer da Igreja Primitiva? É como o autor John Bevere descreve em seu livro *Extraordinário*:

> Em contraste com a reputação atual dos cristãos, uma das grandes lutas que a Igreja Primitiva encontrou foi convencer as pessoas de que os crentes não eram super-heróis ou deuses. Cornélio, um oficial do exército mais poderoso do mundo, prostrou-se para adorar Pedro e seus companheiros. Atordoado, Pedro respondeu imediatamente: "Levante-se, eu sou homem como você" (Atos 10:26).[2]

Parece que muitos de nós nunca possuímos essa evidência fundamental de plenitude e poder divino. Acredito que a razão pela qual não o fazemos é porque está nos faltando uma conexão importante entre o nosso testemunho e a nossa fé. E, por Deus e para o nosso bem, precisamos dela. Desesperadamente. Precisamos aprender como surpreender o mundo com a nossa fé.

Este livro nasceu em meu coração como resultado de uma jornada espiritual pessoal, que transformou uma cristã apática e ansiosa em uma mulher hoje entusiasmada com a vida e que realmente conseguiu encontrar a paz que excede todo entendimento em meio a duras provações. Nos últimos sete anos, passei por três

---

[1] "Barna survey reveals significant growth in born again population" ["Pesquisa Barna revela crescimento significativo na população de pessoas nascidas de novo"]. Disponível em: https://www.barna.com/research/barna-survey-reveals-significant-growth-in-born-again-population/.

[2] BEVERE, John. *Extraordinário*. Rio de Janeiro: LAN, 2010.

grandes cirurgias, enfrentei o câncer, tive grande perda financeira e uma morte súbita e trágica na família. Nossa filhinha foi internada no hospital por duas vezes sem qualquer diagnóstico dos médicos.

Por outro lado, esses anos também foram incríveis e gratificantes na minha vida. Não, eu não posso afirmar que tenho tudo sob controle o tempo todo, mas hoje entendo que há mais nesta vida do que muitos de nós, filhos de Deus, imaginamos.

Sim! A vida pode ser maravilhosamente plena com Jesus, independentemente das circunstâncias. O problema, contudo, é que muitos de nós O aceitamos como nosso Senhor e Salvador, iremos para o Paraíso, mas, por outro lado, parece que não somos capazes de compreender totalmente a graça, o poder e o amor de Deus para conosco. Muitos de nós estamos deprimidos, ansiosos e sem noção do que fazer com nossa vida, e posso atestar isso por experiência própria.

Infelizmente, temo que o nosso grupo não está confinado ao espaço fora das portas de nossa igreja. Na realidade, você nos verá fazendo orações poderosas e comoventes na frente de grupos de estudo da Bíblia, levantando as mãos no culto nas manhãs de domingo e até mesmo servindo em diferentes ministérios nas igrejas. No entanto, se olhar para dentro do coração e da mente, você provavelmente encontrará uma desconexão entre aquilo que declaramos ser verdade e a maneira como vivemos, simplesmente porque não sabemos como aplicar as verdades de Deus em nossa vida.

Fazer a ponte de 30 centímetros (que trataremos a partir de agora como a "Ponte da Fé") entre o nosso cérebro e o nosso coração é decisivo quando se trata de viver uma vida com propósitos, cheia do Espírito Santo e que surpreenda o mundo.

De cristãos recém-convertidos até os mais experientes pastores que ocupam os púlpitos a cada domingo, todos nós, cristãos, precisamos conectar essa distância de 30 centímetros para encontrar a vida plena prometida por Jesus.

Você consegue se identificar comigo? Sente que existe uma separação entre o que você diz acreditar e o modo como coloca sua fé em prática? Se consegue, este livro é para você. Minha oração é que, à medida que eu compartilhe as lutas e as lições aprendidas dessa construção da ponte pessoal de 30 centímetros, a sua fé seja desafiada, testada e fortalecida.

Agora, um aviso: você será convidado a buscar um pouco mais fundo e testar a Palavra de Deus conforme ousamos juntos acreditar verdadeiramente nas promessas, verdades e princípios que Jesus nos ensinou. Vamos aprender a não deixar que nosso coração nos comande, pelo contrário, aprenderemos a comandá-lo. Seremos desafiados a treinar nosso coração para não se apoiar nos nossos sentimentos, mas naquilo que sabemos sobre nosso Deus.

Meu propósito é que, ao fim deste livro, você descubra um novo você em Cristo.

De minha parte, o que descobri é que ele não nos projetou para vivermos empoleirados entre as rochas, limitados e amedrontados. Ao contrário, Deus nos projetou para voar alto como as águias, acima de tudo e de qualquer coisa.

Junte-se a mim neste projeto de construção de sua conexão pessoal cérebro-coração, a sua própria ponte de 30 centímetros. Isso não será tão fácil quanto um passeio pelo parque. Você será desafiado com perguntas difíceis feitas exclusivamente para sua vida — naturalmente, ninguém está ouvindo, é entre você e Deus.

Será desafiado a desistir de coisas que podem ser muito importantes para sua vida. Será aconselhado a acreditar verdadeiramente na Palavra de Deus pelo que ela diz sobre sua posição como filho(a) do Criador do universo.

Será incentivado a se deliciar com o banquete que Deus preparou em sua Palavra para seu povo. Será uma festa com tudo que sua alma precisa para crescer e amadurecer em Cristo e se tornar aquilo que ele planejou para sua vida desde o início dos tempos.

Tenha em mente que me familiarizei bastante com esse processo; que conheci a sensação desconfortável tanto de alguma coisa que estava faltando quando tudo parecia estar no lugar quanto a de não entender como alguns cristãos que conhecia caminhavam por grandes dificuldades com um sorriso no rosto. Houve uma época em que eu não entendia o que fazia o povo de Deus cantar com alegria, apesar das circunstâncias.

Agora eu sei: o seu segredo era uma conexão forte e sólida entre os sentimentos e o que eles sabem sobre seu Deus. É uma forte Ponte de Fé que mede 30 centímetros — a distância anatômica aproximada entre a mente e o coração.

Os cristãos da Igreja Primitiva encontraram a "planta" e construíram essa ponte. Então agora, pelo poder do Espírito Santo, vamos tentar construir a sua!

Posso começar orando por você?

Senhor, posso não conhecer a pessoa que está segurando este livro, mas tu conheces. Observaste cada dia de suas vidas mesmo antes que eles fossem concebidos. Eu oro para que tu os envolva com teu amor, tua graça e tua sabedoria hoje. Que as palavras deste livro possam iluminar seu caminho. Que tu possas usar as lições desta jornada para nos ensinar a encontrar a vida plena que prometeste a teus filhos por meio de teu Filho, Jesus Cristo. Que tu abras nossos olhos espirituais para ver a plenitude do teu amor, a grandeza do teu poder e tua graça extraordinária e sustentadora. Nós entregamos tudo a ti. Somente a ti seja a glória, Pai. No precioso nome de Jesus, eu oro. Amém.

PARTE 1
A FALTA DE CONEXÃO

Capítulo 1

Quando sua mente está faminta

Olhei para minha linda roupa branca e não pude acreditar que ela foi minha escolha antes de sair de casa. Eu sabia para onde estava indo. No entanto, escolhi usar uma roupa branca novinha em folha. Quando olhei para o saco de lixo que precisava ser jogado fora, percebi a mancada. Minha roupa estaria arruinada ao fim do dia. Onde é que estava minha cabeça?

Naturalmente, eu não estava raciocinando direito.

Uma das razões pelas quais muitos de nós enfrentamos dificuldade em conservar nossa fé quando encaramos as circunstâncias da vida é porque permitimos que nossas mentes e nossas vidas sejam contaminadas pelo nosso ambiente.

Vamos à igreja aos domingos e vestimos uma linda roupa branca, à medida que a Palavra de Deus molda nosso caráter e nossas atitudes. Saímos revigorados e capacitados para ser sal e luz. As lindas roupas brancas estão prontas para refletir um caráter consagrado no mundo. E aí, muitas vezes antes mesmo que o domingo acabe, permitimos ser contaminados pelo lixo que a indústria do entretenimento promove, ou perdemos um tempo precioso navegando sem pensar nos labirintos das redes sociais.

As escolhas que fazemos das coisas com que alimentamos nossa mente mancham nossa atitude e arruínam a nossa intenção de brilhar entre as trevas. Tudo porque optamos por entrar numa lixeira vestindo lindas roupas brancas.

Não se amoldem ao padrão deste mundo, mas transformem-se pela renovação da sua mente, para que sejam capazes de experimentar e comprovar a boa, agradável e perfeita vontade de Deus (Romanos 12:2).

Em 1993, a direção da California Milk Association criou a simpática campanha publicitária com o slogan "Got milk?" ("Tomou leite?"), veiculada com sucesso até 2014 em todo os Estados Unidos em rádios, tvs, jornais e revistas. Ainda hoje ela é circulada na Califórnia. Ao folhear as páginas de praticamente qualquer revista nos Estados Unidos, era provável que você encontrasse a foto de um atleta ou uma celebridade cuja imagem estava ligada à boa saúde ou força usando um bigode de leite. Projetada para aumentar as vendas de leite e seu consumo, foi uma famosa e poderosa propaganda utilizada para incutir nos adultos o desejo de beber algo que costuma ser preferido pelas crianças.

Por trás das campanhas, os espertos profissionais de marketing sabiam o que estavam fazendo: os adultos geralmente não bebem muito leite, mas as crianças bebem. Os adultos gostam mais de alimentos substanciais, de coisas que possam morder, como carne.

Assim como o corpo precisa de descanso apropriado e alimentos nutritivos para funcionar adequadamente, crescer mais forte e permanecer saudável, a mente também deve ser alimentada diariamente com escolhas saudáveis, se esperamos estabelecer uma forte conexão entre a nossa fé e o nosso testemunho.

Os benefícios que recebemos ao alimentar nossa mente com a Palavra de Deus são irrefutáveis. Porém, eu gostaria de dar um passo atrás e refletir a respeito de outras coisas que absorvemos, quer percebamos, quer não.

Penso que, embora possamos digerir verdades espirituais relevantes e impactantes enquanto lemos a Bíblia, elas são frequentemente neutralizadas pelo lixo e pelas informações vazias que são servidas diariamente em bandejas de prata no nosso ambiente.

Dos programas de tv aos filmes a que assistimos, das músicas que ouvimos à grande parte do conteúdo que encontramos na internet, somos bombardeados com informações que são, na melhor das hipóteses, irreais e sem importância.

Estamos plugados a um mundo de faz de conta, onde nossos relacionamentos parecem inadequados, nossos bens materiais parecem insuficientes e o cristianismo é retratado como fraco, patético e hipócrita.

À medida que nos conectamos à tecnologia e ao entretenimento e carregamos nosso cérebro com as ideias sombrias que eles apresentam, nos encontramos fracos demais para tomar boas decisões.

A nossa Ponte da Fé começa a ruir.

Este capítulo pretende expor a primeira questão que nos impede de manter uma forte ligação com a fé. Certamente será impossível continuar navegando nas águas turbulentas da vida se nossos pensamentos forem afogados pela indecisão. Com certeza não podemos viver uma vida espiritual vitoriosa se nossa mente estiver faminta por pensamentos saudáveis. Existem agentes culpados por essa desnutrição, e minha intenção é expô-los neste capítulo.

Culpado: o ruído inconveniente da tecnologia

É como se meu cérebro estivesse em constante movimento nos dias atuais. Meus pés nem encostaram no chão pela manhã e meus olhos ainda não se ajustaram à luz, mas já apertei o botão do meu celular. A tela me encara como se dissesse: "Respire fundo, mulher! Estarei aqui depois do café da manhã. Há outras coisas importantes em sua vida."

Não consigo parar em um semáforo sem ficar tentada a pegar meu celular e verificar se alguma coisa mudou... digamos... nos últimos 30 segundos!

É lamentável, admito, mas, a julgar pelo que vejo ao meu redor, isso não é apenas meu problema pessoal; é uma epidemia.

Jantar fora é uma experiência totalmente nova nos dias de hoje. Fui a um restaurante com minha família há pouco tempo. Enquanto nos sentávamos à mesa, examinei o ambiente ao redor: um grupo de adolescentes, um casal jovem aparentemente num encontro romântico e outro casal com um filho de 5 anos, mais ou menos. Todos estavam segurando seus celulares como se o ar que eles respiravam estivesse preso dentro do aparelho. O jovem casal trocou apenas algumas frases durante toda a noite. A melhor conversa parecia estar reservada para quem estava lendo suas mensagens nas redes sociais.

Não quero parecer crítica, muito menos fazer juízos, pois frequentemente tenho cometido as mesmas falhas, mas você não precisa ser excessivamente observador para ver que a tecnologia está tomando muito do nosso tempo.

Na verdade, a vida já era muito ocupada antes de essas conveniências surgirem reivindicando nossa atenção 24 horas por dia, sete dias por semana, mas agora parece que permitimos roubarem nossa atenção de quase tudo o que fazemos.

Lamentavelmente, ouvi minha filha mais velha me perguntar se eu estava ouvindo o que ela dizia, pois tive que pegar o celular no meio da nossa conversa.

O aparelho fez um bipe, e eu instintivamente atendi. Eu tenho tratado o celular como se fosse um bebê com cólicas que precisa de atenção imediata.

Não me interpretem mal. Não estou sugerindo destruirmos todas as nossas coisas que tenham uma tela LCD. Mas acho que temos um problema crescente no mundo ocidental. A tecnologia não está apenas impessoalizando nossos relacionamentos; também está reivindicando o melhor de nossa mente. Está exigindo nossa atenção quando deveríamos estar ligados em assuntos mais importantes, como o tempo de qualidade com Deus e com a família.

Podemos perder tempo bisbilhotando ou inflando nosso ego nas redes sociais e, no entanto, temos dificuldade para encontrar 15 minutos de silêncio diante de nosso Deus. A mídia social é uma ótima maneira de ficarmos conectados com as pessoas na vida, mas não pode se tornar mais importante do que a nossa conexão com Deus. Se queremos ouvir o que ele tem a nos dizer, devemos aprender a nos desligar do restante — ficar quieto e esperar pacientemente por sua voz.

Por mais interessante que a mídia social possa ser, ela também cria uma série de outras questões para o cristão. Podemos cair na perigosa armadilha da comparação. Vemos o que nossos amigos estão fazendo ou comprando, suas viagens de férias ou seus posts cheios de espiritualidade e nos apaixonamos por uma realidade que não é a nossa. "Se ao menos eu pudesse escrever como ela..." "Se ao menos meu marido fosse tão carinhoso..."

Continuamos nos comparando com os outros, esquecendo o tempo todo que Deus escreveu uma história singular para cada um de nós. Ninguém tem os mesmos dons e talentos que você. Ninguém terá as mesmas provações ou bênçãos. Ninguém terá sua história. Ao nos compararmos com outras pessoas, esquecemos que nossos dons são diferentes dos delas e nos tornamos competitivos, invejosos e inundados por um descontentamento que nós mesmos causamos.

Culpado: o monstro de um olho só

A TELEVISÃO É um caso à parte. Estou ficando cansada de procurar algo que valha a pena assistir na lista de mais de duzentos canais que a fornecedora de satélite nos oferece. Alguns programas são meramente superficiais e chatos. No entanto, sempre discordo da violência, da sexualidade depravada e do horror que posso encontrar entre os canais 2 e 800. Também me irrita o fato de precisarmos ter tanto cuidado quando ligamos a TV perto de nossos filhos... às duas horas da tarde! E, no entanto, a verdade é que, numa rápida visita às redes sociais, descobrimos que muitos cristãos estão promovendo e assistindo ao pior da televisão.

O resultado é que, enquanto continuamos a alimentar nossa mente com o lixo da televisão, nossos "músculos" espirituais se tornam cada vez mais enfraquecidos. Nossa mente com certeza fica "cheia" e, ainda assim, desnutrida. A indústria do entretenimento está vendendo concessões após concessões atualmente. Estamos sendo induzidos a acreditar que escolhas e estilos de vida contrários ao que as Escrituras ensinam são aceitáveis.

Na verdade, quanto mais nos banqueteamos com esses valores mundanos, mais difícil se torna discernir a verdade. À medida que nos distanciamos da Palavra de Deus e de seus princípios, começamos a ouvir um ruído estático em vez da voz do Senhor. Nossos canais de comunicação com o divino ficam, assim, comprometidos.

Culpado: música

Não vivemos mais nos anos 1950. Na verdade, não precisamos voltar tão longe para perceber quanto nossa sociedade mudou nas últimas cinco ou seis décadas. E a música certamente acompanhou o declínio da moral de nossos tempos.

Passei toda a minha vida escolar em instituições católicas. Comecei a tocar piano muito jovem e tive contato com melodias clássicas e religiosas durante a infância. Então, como uma adolescente nos anos 1980, meu mundo virou de cabeça para baixo quando me apaixonei por Michael Jackson, Madonna e Tina Turner. Eles sacudiram meu mundo e o mundo da música que eu conhecia. Novos movimentos, novas roupas, novas batidas. No entanto, embora os movimentos e as roupas fossem, muitas vezes, atrevidos, hoje não são nada comparados ao que vemos no entretenimento musical atual.

Os vídeos musicais introduziram um novo e sutil nível de pornografia. As letras convidam nossos filhos a viver uma vida sem limites. Os cantores nos xingam e promovem a desmoralização das mulheres, assim como o uso de drogas.

Temos visto de tudo. Mesmo assim, muitos se recusam a mudar de emissora de rádio ou de canal de televisão.

Sempre plugados

Não precisamos ser neurocientistas para perceber que nosso cérebro está sob a influência de um mundo que vive em constante expansão para tecnologias mais novas e mais rápidas a cada dia. Fica difícil me concentrar para escrever este capítulo, com a interrupção de um som vindo do meu computador ou celular a cada minuto, anunciando um novo e-mail na caixa de entrada.

Os celulares costumam interromper as conversas. Computadores permanecem ligados em casa mesmo após chegarmos do trabalho. As TVs ficam ligadas enquanto as famílias jantam. Estamos sempre conectados. A tecnologia é algo maravilhoso, mas certamente tem o potencial de manter nossa mente tão ocupada com assuntos mundanos que consideramos difícil nos aquietar e ouvir Deus.

O transtorno de déficit de atenção espiritual está crescendo desenfreadamente na sociedade; a mente das pessoas está ocupada e cheia de informações, tornando difícil que nos concentremos naquilo que Deus está fazendo em nossa vida ou tentando nos dizer. Isso sem contar com as coisas verdadeiramente prejudiciais que permeiam nosso ciberespaço hoje, como pornografia e sites de bate-papo sobre sexo.

Não consigo me lembrar da vida sem algum tipo de telefone celular, embora não tivesse um até completar 23 anos. E daí, há alguns anos, fomos apresentados aos *smartphones* e começamos a conduzir eficientemente a vida a partir dos nossos dedos. No entanto, passamos a ficar superconcentrados no mundo e subconectados à Fonte de força e sabedoria. Parece difícil manter dez minutos em oração ininterrupta; no entanto, podemos entrar em transe na internet por horas a fio.

O resultado são cérebros que estão mais e mais cheios com o conteúdo deste mundo e, muitas vezes, menos daquilo que nos ajudaria a viver uma vida mais frutífera e plena.

SE AO MENOS DEUS ME MANDASSE UM TORPEDO!

Se somos fracos na comunhão com Deus,
somos fracos em todos os lugares.
Charles Spurgeon

COM O EXCESSO de tecnologia da atualidade, muitos de nós somos culpados de passar menos tempo com Deus. Tenho certeza de que uma das maiores razões para isso é porque nossa mente hiperativa está inundada de informações que, na melhor das hipóteses, não são importantes.

A diferença entre passar um tempo de qualidade com Deus ou não pode ser exatamente o que faz a diferença entre uma vida com propósito e uma vida desperdiçada. Isso pode soar duro, mas é verdade.

*Pois onde estiver o seu tesouro,
aí também estará o seu coração (Mateus 6:21).*

Guerra interna

Acordei com uma nova resolução naquele dia. Orei antes de me levantar da cama para começar minha rotina matinal: ler a Bíblia, confere; orar, confere; escrever no diário minhas metas para aquele dia, confere.

Depois de deixar minhas filhas na escola, saí para uma caminhada e conversei com Deus enquanto me deliciava com a beleza da natureza. Eu me senti tão perto dele. Estava pronta para assumir o controle daquele dia e aproveitar ao máximo. Ia valer a pena.

Mais tarde, ainda naquela manhã, sentei-me à mesa, pronta para começar a escrever. Minha mente estava cheia de ideias e de determinação para eliminar vários itens da lista de tarefas para aquele dia. Foi então que aconteceu: chegou um e-mail cujas informações levavam a um site, depois a outro e a outro. Uma hora se passou antes que eu voltasse para o meu arquivo de texto. Os pensamentos estavam dispersos. Meus dedos não conseguiam avançar. Eu estava travada!

Depois de finalmente recuperar a concentração e escrever mais alguns parágrafos, meu estômago interrompeu todo o processo para me lembrar que era hora do almoço. Fiz um sanduíche e, como odeio comer sozinha, sentei-me na frente da tv. O controle remoto me levou a um canal em que dois homens estavam contando ao seu público tudo sobre a vida das celebridades.

"Como se eu me importasse", pensei. Porém, ao invés de seguir em frente, minha busca parou por ali.

Mais de uma hora depois, fiquei com vergonha de sair do sofá e voltar para a mesa. A essa altura, já era hora de pegar minhas filhas na escola, e a lista de quatro tarefas dada por Deus tinha uma verificação ao fim do dia. Eu fui distraída com muita informação e fiquei perplexa com o brilho das celebridades. Foi assim que um dia perdido terminou.

Sei que muitas pessoas podem se identificar com essa experiência. Todos nós já nos vimos nesta situação: permitimos que a curiosidade e, muitas vezes, a preguiça tomem conta de nossos dias, o que nos leva a desperdiçar um tempo precioso e irrecuperável.

Mente sobre a matéria

Mas vejo outra lei atuando nos membros do meu corpo, guerreando contra a lei da minha mente, tornando-me prisioneiro da lei do pecado, que atua em meus membros (Romanos 7:23).

Dentro desse versículo em Romanos encontra-se uma revelação que todos precisamos entender, se quisermos construir uma Ponte de Fé de 30 centímetros forte. A verdade é que nossa carne está sempre lutando contra o que nosso espírito entende como verdadeiro e bom. A "lei da minha mente" que Paulo menciona nesse versículo é a mesma lei do Espírito, a lei e a percepção para distinguir entre o certo e o errado que recebemos quando convidamos Cristo a entrar em nossa vida. É o conhecimento pelo qual nosso espírito anseia.

Porém, ao mesmo tempo que nosso espírito anseia pelas coisas de Deus, nossa carne anseia pelas coisas do mundo. É verdadeiramente uma guerra contínua que terminará apenas no dia em que morrermos. Paulo resume suas lutas no mesmo capítulo, quando diz: "Pois o que faço não é o bem que desejo, mas o mal que não quero fazer, esse eu continuo fazendo" (Romanos 7:19). Quem não se identifica com essa verdade? Quem nunca ensaiou na cabeça um bom dia com boas atitudes e grandes feitos, só para fracassar na primeira tentativa?

Estou levantando minha mão agora.

Não poderemos vencer essa guerra sozinhos, e certamente não a venceremos se continuamente alimentarmos nossa mente com lixo.

No entanto, nós conhecemos a verdade. Se não alimentarmos nosso espírito adequadamente, nosso corpo tenderá a seguir o caminho oposto ao que Deus quer nos levar.

Pois a carne deseja o que é contrário ao Espírito; e o Espírito, o que é contrário à carne. Eles estão em conflito um com o outro, de modo que vocês não fazem o que desejam (Gálatas 5:17).

Eliminando as coisas do mundo

"Mas qual é a resposta?", você poderia perguntar. Devemos desligar todos os aparelhos eletrônicos e apenas ouvir música gospel e assistir a sermões na tv? Essa é uma escolha muito pessoal. Você deve pedir a Deus que lhe mostre se existem atividades e programas atuais que não combinam com sua identidade em Cristo. Ele vai mostrar. Nesse exato momento, você provavelmente tem algo que vem à sua mente — pode ser um programa de televisão, músicas ou filmes. Meu propósito não é julgar suas escolhas, mas lembrar que, se quisermos permanecer em Cristo, devemos desligar os valores do mundo de nossa mente e nos afastar de seus caminhos.

Por vários anos, após a salvação, vivi bem misturada com o resto do mundo. Eu era muito sincera sobre o que acreditava e me esforçava para viver uma vida de boa reputação. No entanto, em termos de ações e feitos, minha vida contribuía muito pouco para o Reino de Deus. Eu lia a Bíblia sem consistência e, por outro lado, assistia consistentemente a programas e filmes com conteúdo mundano. Eu concordava com o que meu pastor dizia do púlpito no domingo, mas rapidamente esquecia na manhã de segunda-feira, enquanto enfrentava circunstâncias difíceis e tentações.

Se o mundo os odeia, tenham em mente que antes odiou a mim. Se vocês pertencessem ao mundo, ele os amaria como se fossem dele. Todavia, vocês não são do mundo, mas eu os escolhi, tirando-os do mundo; por isso o mundo os odeia (João 15:18-19).

Hoje tenho certeza de que a razão pela qual minha fé e minha caminhada foram tão frágeis foi porque eu estava insistindo em viver como uma criatura de mente dúbia, presa entre o amor e a fidelidade ao meu Salvador e as iscas e respostas do mundo. Continuei tentando agradar a um mundo que me odiava por causa da minha nova conexão com Cristo.

Jesus falou claramente para você e para mim nos versículos citados anteriormente: ele nos escolheu e nos *tirou* do mundo. Não podemos continuar a viver uma vida emaranhada entre agradar a Deus e aos homens. Não podemos buscá-lo e, ao mesmo tempo, procurar prazeres mundanos, e ainda assim esperar ter uma fé inabalável. Não podemos esperar ser amados pelo mundo e agradar ao nosso Salvador ao mesmo tempo.

Se quisermos permanecer em Cristo, devemos escolher andar guiados por uma mente renovada. Não podemos esperar ter uma fé inabalável e viver em pureza se enchermos nossa mente com o lixo que os produtores de entretenimento oferecem pelos canais de TV e cinemas hoje em dia. Não podemos esperar permanecer fiéis e ser a luz do mundo e o sal da terra se, quando estamos com pessoas que não conhecem a Deus, nos misturamos tão perfeitamente com a multidão que não podemos ser distinguidos.

Permanecer

Permaneçam em mim, e eu permanecerei em vocês (João 15:4a).

O verbo "permanecer", no que se refere a Cristo, aparece cinco vezes no capítulo 15 de João, cinco vezes em 1 João e uma vez em 2 João. Jesus frequentemente usou essa expressão quando tentava ensinar a seus discípulos como superar as fraquezas e como obter vitória, apesar das circunstâncias. De maneira significativa, ele disse várias vezes a seus discípulos para permanecerem nele como parte de seu último discurso antes de deixar este mundo.

Enquanto o Senhor instruiu seus seguidores sobre como se tornar e permanecer frutíferos, ele lhes disse para permanecerem nele. Em grego, o verbo *"meno"* (permanecer) traduz-se como "permanecer no mesmo lugar por um período de tempo" ou "esperar por; permanecer em um lugar/estado com expectativa relativa a um evento futuro", ou ainda "continuar; permanecer em; continuar".[3]

Quando o Senhor disse a seus discípulos para permanecerem nele, estava realmente nos oferecendo a chave para uma vida vitoriosa nele, independentemente de nossas circunstâncias. Não há outro jeito: se tentarmos superar nossas fraquezas com as próprias forças e longe de Cristo, cairemos irremediavelmente em tentação.

Da mesma forma, quando passamos pelos vales mais sombrios da vida, tanto emocional quanto física ou espiritualmente, não importa quem está caminhando ao nosso lado, quanto dinheiro temos ou se o melhor médico ou terapeuta da cidade está na nossa lista de contatos de emergência, se não estivermos conectados à fonte de toda paz e sabedoria, se não estivermos "permanecendo nele" em

---

3 STRONG, James. *A Comprehensive Strong Dictionary of the Bible* [*Dicionário bíblico abrangente de Strong*]. Logos Bible Software.

obediência e confiando nele para libertação. Se não prosseguirmos pela fé, falharemos miseravelmente.

Embora *meno* soe como um estado estacionário, igual a "permanecer" em inglês (*to remain*), é, em sua essência, um verbo de ação porque implica a sua vontade de ficar, não se mover. Assim, você deve escolher "permanecer" e não "se mover". E eu garanto que você não pode permanecer totalmente ligado ao mundo e a Cristo ao mesmo tempo.

Ao pedir a Deus que revelasse na minha vida o que estava me impedindo de ter aquela vida plena que ele prometeu, eu honestamente esperava a resposta usual: leia mais a sua Bíblia, ore mais... em vez disso, uma forte convicção se estabeleceu — eu estava alimentando minha mente com muito lixo. Antes de tudo, eu deveria fazer um inventário sobre o que deveria ser permitido entrar em meu cérebro. Pensamentos saudáveis e cheios de fé não podem prosperar e vencer em uma mente que está cheia de lixo ou pensamentos vazios.

Melhor ainda, quando a vida se torna difícil, as celebridades da TV não nos ajudam a superar as circunstâncias. Não importa quantos seguidores você tenha no Instagram ou quantas curtidas suas postagens recebam. O que vai importar é quanta verdade você tem dentro de si. A Palavra de Deus e o conteúdo de canções de louvor podem ajudar a lhe trazer paz em meio às tempestades da vida.

Assim, este é o primeiro desafio que lanço nessa jornada que iniciamos juntos:

O que tem preenchido sua mente todos os dias?

Você encontra tempo para não perder um único episódio do último *reality show* e, no entanto, não tem tempo para Deus todos os dias?

Você pode deixar de ler sua Bíblia diariamente, mas não consegue se imaginar passando uma tarde sem Facebook e Instagram?

E quanto às músicas e aos filmes?

Você se acostumou a ouvir pessoas usando palavrões contra Deus e contra seu Filho? Você navega em sites que não são adequados a um filho de Deus?

Essas são perguntas que realmente revelarão a situação do seu coração e de sua mente e responderão a esta pergunta:

Estou permanecendo em Cristo e prosperando...

Ou será que a minha mente está faminta?

Capítulo 2

Quando seu coração
acredita em mentiras

*O coração é mais enganoso que qualquer
outra coisa, e sua doença é incurável. Quem é
capaz de compreendê-lo? (Jeremias 17:9).*

Muitos de nós acreditamos em mentiras que nos impedem de alcançar todo o nosso potencial — mentiras sobre nós mesmos, enraizadas em nosso cérebro pelo que nos contaram quando crianças; mentiras sobre como somos limitados; mentiras que muitas vezes ofuscam nosso potencial e, consequentemente, nosso destino. Essas mentiras geralmente nos dizem que nossa situação nunca mudará ou que nosso valor está no que temos ou realizamos, não em quem somos como filhos de Deus.

Acreditamos em mentiras sobre Deus que geralmente foram ensinadas por pessoas bem-intencionadas, mas que também foram mal informadas sobre ele. Essas mentiras acabam minimizando seu amor, sua graça e seu poder.

Também acreditamos em mentiras sobre os outros. Acreditamos que algumas pessoas são tão importantes que chegamos a imitar suas más escolhas. Permitimos ainda que a nossa sociedade imoral manipule nosso pensamento e que seus pontos de vista moldem nossa autoimagem.

Este capítulo procura desmitificar as mentiras em que frequentemente acreditamos, e a melhor maneira de começar é focando o próprio criador de todas as mentiras: Satanás. É ele quem trava guerra diariamente contra os filhos de Deus, tentando nos persuadir a duvidar da bondade do Senhor. Ele ronda como um animal faminto ao nosso redor, procurando uma pequena brecha para invadir nossos pensamentos. E, quando o faz, ele quebra magistralmente nossa Ponte da Fé a partir do momento em que começamos a nos concentrar em nossos sentimentos, em vez de focar aquilo que sabemos sobre a onipotência, o amor e a graça de nosso Deus.

Devemos aprender a identificar suas estratégias, se quisermos construir uma forte Ponte da Fé.

A PODEROSA ARMA DE SATANÁS

NOSSA MENTE É a arma de guerra mais eficaz usada por Satanás. Como costumo dizer, ele existe há muito mais tempo do que você e eu e, portanto, conhece todas as fragilidades humanas. Ele discerne nossas fraquezas e os pensamentos que nos afastam da verdade de Deus.

Todo mundo tem um calcanhar de Aquiles, aquela grande fraqueza que até os cristãos mais fortes têm, e que pode nos levar a uma queda. No meu caso, pessoalmente, é a minha saúde.

Tive grandes problemas de saúde nos últimos oito anos. Em 2006, quando nossa filha mais nova tinha apenas seis meses, passei por uma complicada cirurgia intestinal. Depois disso, desenvolvi uma série de problemas gástricos. Por três anos, fui testada para diferentes doenças, enquanto os médicos não sabiam o que havia de errado comigo. Eu não tinha energia, e qualquer pequeno esforço acabava comigo. Em junho de 2009, alguém finalmente deu um nome ao mal que sofria: descobri que tinha doença celíaca, a qual é facilmente controlada com uma dieta sem glúten. No entanto, como eu desconhecia a alergia e ingeri glúten a vida toda, a doença havia cobrado seu preço em meu corpo. Comecei uma dieta extenuante sem glúten e passei a me sentir melhor depois de várias semanas.

Tudo estava indo bem até junho de 2010, quando fui submetida a outra grande cirurgia, desta vez uma histerectomia. Embora esses problemas fossem agravantes e certamente afetassem meu corpo, mantive as coisas em perspectiva. Deus me manteve através de tudo, pois, pelo menos, não era câncer. Eu naveguei por águas agitadas com um sorriso no rosto e uma fé inabalável.

Então, em 8 de fevereiro de 2012, acordei com um desconforto abdominal que se transformou em uma dor insuportável por volta do meio-dia. A dor era muito parecida com a que senti quando um divertículo estourou em meu intestino, levando-me ao hospital para uma cirurgia de emergência, seis anos antes. Liguei para o meu médico, e ele me conduziu às pressas ao pronto-socorro para fazer uma imagem do abdômen.

Quando o médico voltou com o resultado da tomografia computadorizada, seu rosto estava sombrio. A dor era devido a um cisto ovariano em erupção, o que não é grande coisa, na verdade. Entretanto, no processo de escanear o abdômen, eles encontraram uma massa no rim esquerdo, o que me fez consultar um urologista imediatamente. Dois dias depois, minha vida girou 180 graus quando me sentei diante do urologista, que me deu a notícia: eu tinha câncer de rim.

Dois meses após a cirurgia renal, meu cunhado faleceu tragicamente num acidente de avião. Sua esposa, e nossa cunhada, ficou responsável por administrar os negócios. Nos nove meses seguintes, moramos entre Atlanta e Chattanooga, enquanto trabalhávamos em período integral, cuidávamos de nossas filhas pequenas e tentávamos trazer conforto para nossa cunhada, ajudando-a a administrar os negócios.

Foi um momento muito estressante. Donnie era como um irmão para mim, mas a pior parte foi ver meu marido, sua família e, principalmente, nossas filhas sofrerem à medida que tentávamos lidar com a trágica perda.

Enquanto isso, meus problemas de saúde não paravam. Pelo contrário, parecia que minha saga estimulou Satanás a me atormentar. Ele começou a atacar minha mente diariamente, de hora em hora, com pensamentos de derrota e morte.

Comecei a duvidar de Deus. E aquele era um vale novo, pelo qual eu nunca passara. Durante a jornada com o câncer, eu estava muito consciente da graça de Deus para mim.

O câncer de rim é um assassino silencioso, e a maioria das pessoas que sofrem com esse mal só o descobrem quando já é tarde demais. Estava muito ciente de que Deus havia derramado sua graça sobre mim na forma de um cisto ovariano irrompido. Os dias antes da cirurgia e os meses depois despertaram um sentimento renovado de gratidão em meu coração.

No entanto, os meses estressantes após a morte de Donnie levaram meu corpo e minha mente ao limite. Pior que isso, meu espírito desmoronou. Satanás dançou por toda parte, sussurrando mentiras: "Você vai morrer"; "Você não verá seus filhos se formarem"; "Você tem algo terrível dentro de si"; "Será que Deus existe mesmo?".

Isso, meu amigo, minha amiga, foi como câncer para a minha alma. Foi a provação mais sombria que já experimentei, sem exceção. O cansaço físico e emocional abriu brecha por muitos meses para um forte ataque espiritual.

Talvez você já tenha passado por algo parecido, quando a sua maior fraqueza tornou-se o *playground* de Satanás. Talvez tenham sido tentações. Talvez tenha sido uma tribulação como a minha.

Independentemente da razão, a primeira coisa que devemos ter em mente é que Satanás sempre usa nossa mente contra nós mesmos. Quando ficamos muito cansados, muito tentados ou muito doentes, ele vem com toda força contra os filhos de Deus.

É guerra. E é real.

A segunda parte deste livro ajudará você a aprender como vencer as mentiras de Satanás por meio do poder da Palavra de Deus e da oração.

No momento, gostaria de abordar três outras mentiras comuns em que nós muitas vezes acreditamos; mentiras que obscurecem os pensamentos e nos impedem de manter uma fé fortalecida durante nossa jornada na Terra.

QUANDO ACREDITAMOS EM MENTIRAS SOBRE DEUS

*Tenham cuidado para que ninguém os escravize
por meio de filosofias inúteis e enganosas,
que se fundamentam nas tradições humanas
e nos princípios elementares deste mundo,
mas não em Cristo (Colossenses 2:8).*

EU ESTAVA SENTADA em silêncio no banco da igreja, ouvindo a professora explicar sobre a relevância e o significado das ordenanças sagradas da Igreja. Confissão e comunhão foram os assuntos do dia, pois estava participando do curso que me preparava para a primeira comunhão, cumprindo uma tradição dos jovens católicos. Com 13 anos, eu era a mais velha do grupo, pois a maioria dos participantes tinha idade entre 8 e 10 anos. Meus pais acreditavam que era crucial que eu entendesse a importância e decidisse fazer a comunhão por conta própria.

Hoje percebo que minha decisão foi mais baseada na pressão dos colegas do que na convicção religiosa. Afinal, eu era a única aluna da sétima série que não aceitava as hóstias durante as missas realizadas em nossa escola católica.

No entanto, havia outro motivo que me aterrorizava. Eu temia que Deus estivesse furioso porque escolhi não participar da "ceia do Senhor". Eu temia que ele me condenasse ao purgatório ou ao inferno por não estar aceitando sua ordenança.

Verdade seja dita, fui ensinada a acreditar que deveria ter medo de Deus. Tenho certeza de que essa nunca foi a intenção das pessoas bem-intencionadas que me ensinaram sobre ele naqueles primeiros anos, mas era essa a mensagem que entendia. Assim, cresci com muitos equívocos e erros sobre o caráter do Pai.

Hoje, 30 anos mais tarde, embora meu entendimento sobre a Palavra de Deus, a salvação e a vastidão das riquezas de sua graça certamente tenham mudado, e ainda que hoje eu o tema, mas no sentido de respeitá-lo ao invés de ter medo dele, eu me pergunto quantas vezes ainda sou tentada a acreditar em mentiras sobre Deus.

E você? Acha que isso é evidente em sua vida também?

Uma das maiores mentiras em que somos tentados a acreditar é que, quando algo ruim acontece a um dos filhos de Deus, isso deve significar que a pessoa está vivendo em pecado.

Isso é frequentemente uma mentira do próprio diabo.

Sem dúvida, há situações em que as provações que enfrentamos são apenas consequência de nossa desobediência ou negligência. Fumar, por exemplo, aumenta a chance de termos câncer de pulmão. O adultério destrói famílias.

Mas há momentos em que Deus permite certas provações não para nos prejudicar ou destruir, mas para nos moldar, fortalecer e purificar. Com frequência, as provações são usadas por Deus para nos ensinar a humildade.

Então Jesus foi levado pelo Espírito ao deserto, para ser tentado pelo diabo (Mateus 4:1).

Os quarenta dias de Jesus no deserto foram, sem dúvida, um dos momentos mais difíceis da jornada do Salvador na Terra. Ele estava fraco, com fome e com sede. E aí, só para piorar as coisas, Satanás apareceu para tentá-lo. Todos conhecemos a passagem e nos regozijamos com a vitória do Salvador sobre o diabo. No entanto, essa informação relevante, intencionalmente declarada nos três evangelhos que narram o relato, guardam uma chave muito importante para a tentação de Cristo: "Ele foi *levado pelo Espírito* para ser tentado pelo diabo."

A experiência no deserto foi crucial na preparação de Jesus para cumprir o plano perfeito de Deus para sua vida. Foi o impulsionador de seu ministério — seu abençoado período de preparação para o que estava por vir. Ele foi levado ao deserto pelo próprio Pai a fim de ser fortalecido para a tarefa que tinha pela frente. Ele foi levado ao deserto para ser tentado a não prosseguir com o plano e, ainda assim, não desistiu. Em vez disso, saiu pronto para iniciar o ministério que mudaria o mundo para sempre.

Da mesma forma, se você é um filho de Deus obediente à sua Palavra, os desertos que lhe aparecem não são acidentais. Deus conduziu você até lá. Não é que você necessariamente tenha caído lá porque desobedeceu; pode apenas precisar estar lá.

O desafio é tirar o foco do nosso bem-estar e olhar além, para a eternidade. Deus não é um gênio da lâmpada. Seu principal propósito não é apenas nos fazer felizes. Seu principal propósito é fazer com que nos tornemos mais semelhantes a Cristo. No processo, haverá dor, provações e tentações.

Deus está convidando você a olhar para esse detalhe especial sobre o seu deserto: ele o conduziu até lá. Apresentou as provações e tentações pelas quais você poderia passar, por mais devastadoras que possam parecer, para serem usadas como ferramentas para moldá-lo na pessoa que ele deseja que você se torne, capacitando-o a cumprir o plano dele para sua vida.

Não acredite na mentira. Deus ainda é bom, mesmo quando o pior acontece. Embora nossas circunstâncias possam nos sacudir como as ondas de um mar revolto, o amor e a bondade de Deus nunca mudam porque ele nunca muda.

Ele é misericordioso e bom para sempre.

Ele ama você demais para deixá-lo como está.

E isso, meu amigo e minha amiga, isso é a mais pura verdade.

Acreditando nas mentiras sobre você

Eram quase dez horas da noite. Eu estava cansada e um pouco ranzinza. Quando o comercial apareceu, revirei os olhos, irritada. Outro produto milagroso de rejuvenescimento, prometendo restaurar o brilho da minha pele e fazer meus pés de galinha desaparecerem em oito semanas. O rosto da linda modelo brilhou na tela. O problema era a idade da criança. Ela tinha apenas uns 20 anos.

"Espere até chegar aos 40, querida", pensei.

Há uma razão pela qual bilhões de dólares são gastos anualmente na indústria de cosméticos. Muitas de nós somos atormentadas por pensamentos de inadequação, plantados em nossa mente ainda na juventude. Acreditamos em mentiras sobre nossa aparência ou desempenho e, por causa disso, passamos a vida tentando estar à altura.

Quer se trate de aparência, desempenho ou capacidade intelectual, as pessoas acreditam em mentiras sobre elas mesmas todos os dias. Quando escolhemos aceitar essas mentiras como verdade, um ciclo vicioso se inicia: crescemos com uma autoimagem muito ruim ou vivemos inadvertidamente tentando atingir um ideal irreal, tornando-nos perfeccionistas. Em qualquer um dos extremos do espectro, vivemos dependendo muito de nós mesmos ou de circunstâncias externas, deixando, assim, pouco espaço para Deus e para a fé.

Você mordeu a isca?

O sotaque francês da professora não ajudava. Era difícil entendê-la, acompanhar suas pequenas batidas de pandeiro e me lembrar de coordenar os movimentos entre as pernas e os braços. *"Plié!"*; *"Pas de bourrée ouvert!"* Bum! O pandeiro dela batia no meu traseiro de novo. *"Posture*, Patricia! Encolha a barriga."

Eu olhava consternada para sua aluna favorita. Ela era graciosa, magra e muito flexível. O sorriso da professora se iluminava quando ela parava ao seu lado. Eu tinha 9 anos e queria ser bailarina para agradar o meu pai. Ele era um artista e amava tudo que era clássico. Em sua época, madame Nicolle havia sido a primeira bailarina da grande companhia de balé do Rio de Janeiro. Meu pai a viu se apresentar várias vezes enquanto morava no Rio, quando jovem.

Ela havia se mudado para nossa pequena cidade, e estar em suas prestigiadas aulas de balé era o sonho de toda menina. Mas meu sonho rapidamente se desfez quando percebi que não tinha o talento nem o físico para ser uma primeira bailarina.

Estava passando por aquela fase comum na vida de uma menina em que, embora ainda criança, o corpo começava a mudar. Eu não era nada magra. Meu pai sempre conectou a beleza de uma mulher com uma figura magra, e eu sabia disso. Esse não era o meu caso. E, embora eu tenha certeza de que o meu paizinho nunca quis me fazer mal, passei a acreditar que era gordinha. Eu acreditei na mentira.

Comecei um ciclo autodepreciativo e não me lembro de nenhuma fase da vida quando não estivesse fazendo dieta. Eu experimentei todas!

Hoje olho para as minhas fotos ao longo dos anos e vejo ali uma menina saudável e esbelta, cujo espelho dizia que ela era gorda.

Minha história é bastante comum. Muitos homens e mulheres vivem derrotados por causa das mentiras em que acreditam. Deliberadamente ou não, estamos expostos a visões distorcidas sobre nós mesmos que diversas vezes adotamos como verdades. Por causa disso, fugimos de uma vida vibrante e vitoriosa devido à baixa autoestima. Em vez de abraçar o que Deus diz sobre nós, mordemos a isca, sentindo-nos inadequados, feios e inúteis.

Se esse é um cenário familiar, estou aqui para dizer que existe vida além da mentira. Deus quer libertar você da escravidão da derrota e assumir o que *ele* diz sobre você. Ele criou você no ventre de sua mãe, te redimiu e te ama incondicionalmente. O sentimento de inadequação não cabe a um filho do Rei dos Reis. É uma mentira que você precisa confrontar se quer viver a vida plena prometida por Jesus.

Há outro lado do espectro como resultado de acreditarmos em mentiras sobre nós mesmos. Pode ser tão prejudicial e incapacitante quanto a baixa autoestima. Na verdade, muitas vezes é um grito de socorro daqueles que precisam desesperadamente de aprovação. Chama-se perfeccionismo.

Os perigos do perfeccionismo

O perfeccionismo é definido como o estabelecimento de altos padrões de desempenho, que são acompanhados por avaliações muito críticas e por uma busca constante em evitar falhas e erros. Trata-se de uma predisposição de nossa personalidade, ou seja, tende a ser estável e permanecer ao longo da vida. O perfeccionismo possui características adaptativas e desadaptativas, podendo se associar tanto a desfechos positivos (como alcançar bons resultados na vida) quanto a desfechos negativos (está associado a diversas psicopatologias, como transtornos depressivos, ansiedade, ideação suicida, transtornos de personalidade, entre outros). (Wikipédia)

Não sou psicóloga, mas sabemos que a necessidade de sermos "perfeitos" é real para muitas pessoas, especialmente para as mulheres. Além disso, quando nos tornamos mães, a exigência é elevada a novos patamares. É como se, no dia em que nosso primeiro filhinho chega, ganhássemos dois *genes* especiais para serem adicionados à maternidade: a culpa e a comparação. E, muitas vezes, o irmão "perfeccionismo" acompanha o pacote.

Você pode ter convivido com o fardo de ser criada por pais que estabelecem altos padrões de desempenho; ou pode ser tão insegura que enlouqueça tentando alcançar padrões cada vez mais elevados. Independentemente disso, o perfeccionismo é um fardo, um monstro disfarçado com roupa linda de festa.

O perfeccionismo declara: "Não sou bom, a menos que seja perfeito." Esse clamor geralmente é resultado de uma vida permeada por mentiras autodepreciativas sobre si mesma e percepções irreais sobre os outros.

Existem várias faces do perfeccionismo:

Perfeccionismo físico, que atormenta homens e mulheres que não aceitam o envelhecimento (ou sua aparência física). Não me interpretem mal. Faço eco ao lema do meu pastor, dr. Charles Stanley: "Faça o seu melhor, tenha a melhor aparência, seja sua melhor versão." Acredito que devemos cuidar de nosso corpo, o templo do Espírito Santo, comendo de forma saudável, fazendo exercícios quando pudermos e levando um estilo de vida saudável.

Mas chega um ponto em que o foco é tão intenso em nossa aparência que se torna um ídolo. À medida que ficamos obcecados com a aparência, muitas vezes nos esquecemos de nutrir a beleza interior. E, conforme nossa atitude se torna superficial, a nossa fé também. Quanto mais focamos o externo, menos tempo damos ao eterno.

Consequentemente, achamos difícil manter intacta nossa Ponte da Fé porque não estamos focados em desenvolver duas ferramentas cruciais que precisamos para ser vitoriosos: o relacionamento com o Pai e o conhecimento de sua Palavra.

Perfeccionismo de desempenho, que atormenta as pessoas com o conceito de que elas precisam ser perfeitas em tudo quanto fizerem. Essa característica é frequentemente encontrada em pessoas que costumam ser comparadas a outras: seus irmãos, a garotinha da casa ao lado, o atleta do ensino médio... você escolhe. Quando crescem, a casa precisa ter certa aparência, os cônjuges nunca são bons o suficiente e os filhos nunca estão à altura de seus padrões. Os cabelos estão sempre no lugar e não saem de casa sem maquiagem. Elas têm dificuldade em aceitar um B no boletim escolar do filho e estão sempre criticando os amigos.

Os perfeccionistas de desempenho têm dificuldade em acreditar que Deus os ama incondicionalmente, em admitir seus pecados e falhas ou vivem uma vida derrotada, já que, essencialmente, ninguém é perfeito além de Deus.

Perfeccionismo espiritual pode ser detectado naquelas pessoas perfeccionistas da Bíblia, também conhecidas como fariseus. Esse perfeccionismo tem muito a ver com legalismo, orgulho e julgamento.

Ai de vocês, mestres da lei e fariseus, hipócritas! Pois vocês dão o dízimo da hortelã, do endro e do cominho, mas têm negligenciado os preceitos mais importantes da lei: a justiça, a misericórdia e a fidelidade. Vocês devem praticar essas coisas sem negligenciar aquelas. Guias cegos! Vocês coam um mosquito, mas engolem um camelo (Mateus 23:23-24).

Frequentemente criticamos religiões e seitas as quais pregam que, para sermos salvos, devemos "obrar". Verdade seja dita: os cristãos também costumam cometer o erro de se sobrecarregar com "boas obras", esquecendo-se de investir na verdadeira adoração.

Deus não fica impressionado com o meu desempenho. Ele quer meu coração, um coração que entende que minha perfeição só é encontrada nele. Nossas boas obras devem ser uma resposta natural de um coração que ama os outros e quer agradar ao Pai: "Pois pela graça vocês são salvos, por meio da fé, e isto não vem de vocês, é dom de Deus; não por obras, para que ninguém se glorie. Porque fomos feitos por Deus, criados em Cristo Jesus, para boas obras, as quais Deus preparou previamente para que andássemos nelas" (Efésios 2:8-10).

No entanto, o que a Bíblia diz sobre o perfeccionismo?

Primeiro de tudo, que é uma farsa por natureza. O perfeccionismo muitas vezes envolve elevar a exigência a patamares absurdos, levando-nos a tentar fazer coisas que só Deus pode fazer.

É verdade que a Bíblia nos desafia a ser "perfeitos como é perfeito o [nosso] Pai celestial" (Mateus 5:48).

No entanto, a palavra grega para "perfeito" aqui é *telios*, que significa "levado ao seu fim; completo; perfeito". Portanto, ser "perfeito", nesse sentido, não é como os perfeccionistas costumam imaginar. Pelo contrário, significa ser completo *em* Cristo. Filipenses 1:6 diz que a nossa *completude* é obra de Deus, que nos criou, salvou e é fiel para nos aperfeiçoar. "Estou convencido de que aquele que começou a boa obra em vocês há de completá-la até o dia de Cristo Jesus."

O perfeccionismo pode parecer sábio, mas sua sabedoria não tem valor espiritual:

Já que vocês morreram com Cristo para os princípios elementares deste mundo, por que, como se ainda pertencessem a ele, vocês se submetem a regras: "Não manuseie!", "Não prove!", "Não toque!"?

Todas essas coisas estão destinadas a perecer pelo uso, pois se baseiam em mandamentos e ensinos humanos. Essas regras têm, de fato, aparência de sabedoria, com sua pretensa religiosidade, falsa humildade e severidade com o corpo, mas não têm valor algum para refrear os impulsos da carne (Colossenses 2:20-23).

Isso significa que a tentativa de sermos perfeitos nunca mudará a condição de nosso coração. A mentira é acreditar que podemos nos tornar *perfeitos* por conta própria. A verdade é que, sem a presença e a graça de Deus, todos os esforços para alcançar a perfeição são inúteis.

O ponto do evangelho é que somos incapazes de ser perfeitos. Todos nós "ficamos aquém"; todos nós "erramos o alvo" (Romanos 3:23). Os pecadores precisam de um Salvador, e é por isso que Jesus veio. Quando confiamos nele, ele perdoa nossas falhas, imperfeições e iniquidades. Podemos parar de lutar por uma "perfeição" arbitrária e mundana e descansar no Perfeito (Mateus 11:28).

Acreditando nas mentiras sobre os outros

— Ela é tão maravilhosa, mãe!

Minha filha estava diante da fila do caixa, examinando todas as revistas. Ela mostrou para mim uma das belas atrizes de Hollywood cuja vida foi abalada pelo abuso de drogas, dieta compulsiva e uma porta giratória de namorados.

— Sim, ela é linda, querida. E infeliz!

"Ainda assim, muitas garotas jovens querem ser como ela", pensei.

Acreditamos em mentiras sobre os outros. Prova disso é o crescente número de *reality shows* que divertem o mundo hoje em dia. Acho muito engraçado que eles sejam chamados de "realidade", pois há pouca realidade neles. A maioria é projetada para vender uma mentira. Seja em *reality shows* ou nas fotos retocadas em revistas, muitos acreditam que algumas celebridades têm o que é preciso para fazê-las felizes. Eles mordem a isca e acreditam na mentira, passando seus dias tentando ficar mais bonitos ou obter mais bens materiais.

A verdade é que nem sempre a grama do vizinho é mais verde. É a mesma grama, só que com uma cerca separando você dela. Muitas vezes, a cerca que nos separa são as escolhas, como de qual moral ou ética estamos dispostos a abrir mão para obter o que os outros têm, ou quais sacrifícios uma família deve fazer para financiar o que há de mais recente ou maior.

Nossa cerca deveria nos separar, de fato, só que os padrões que devemos elevar devem ser dados por Deus, e não pelos outros. Nunca devemos permitir que os outros ditem como nos sentimos sobre nós mesmos. E, no entanto, muitos de nós o fazemos. Acreditamos que eles são melhores do que nós e, por acreditarmos nessa mentira, seguimos padrões e escolhas que nunca foram projetados para nossa vida.

Pior ainda, fazemos as mesmas escolhas erradas que eles fazem.

Vivemos em uma era de relatividade moral, onde tudo é permitido, desde que não prejudique os outros. A bússola moral da sociedade mudou imensamente nos últimos 50 anos. E essa sociedade nos diz que, a menos que aceitemos suas escolhas imorais como verdade, nos tornamos intolerantes, ignorantes e até indignos.

Isso é outra mentira.

Devemos amar as pessoas, não seus pecados. Jesus andou entre os piores de sua época: adúlteros, cobradores de impostos, blasfemadores, para citar alguns. Ele os amava, mas sempre confrontou sua condição pecaminosa com a verdade. Deveríamos fazer o mesmo.

Ser como Jesus é rejeitar a mentira de que pecado não é pecado, estender nossos braços com amor para aqueles que acreditaram nessa mentira e dizer-lhes esta verdade:

"Deus ama você demais para permitir que você fique como está."

As consequências de acreditar em mentiras

"Serei o primeiro da fila para falar com Eva quando chegar ao Céu."

Essa é uma piada que sempre conto aos meus amigos quando me refiro aos tempos difíceis que as mulheres passam por conta de escolhas, hormônios e filhos. Muitas vezes somos duros com Eva porque ela cedeu às mentiras de Satanás.

No entanto, todos caímos na mesma armadilha:

➜ "Deus realmente disse?"

➜ "Será que Deus realmente me ama?"

➜ "Isso é mesmo pecado?"

Mentiras podem ser devastadoras para nossa vida espiritual, não importa em quais decidamos acreditar. Não podemos amar verdadeiramente ou confiar em um Deus tirano. Se realmente acreditamos que ele é todo bom, todo misericordioso e todo-poderoso, devemos confrontar as mentiras com a verdade.

A Bíblia tem um "antídoto da verdade" para cada mentira em que acreditamos. Devemos escolher aceitar que a Palavra de Deus diz e declara ao nosso coração a verdade sobre o nosso Deus, bem como sobre nós mesmos.

> *Quanto à antiga maneira de viver, dispam-se do velho homem, que se corrompe por desejos enganosos, para serem renovados no modo de pensar e se vestirem do novo homem, criado para ser semelhante a Deus em justiça e santidade provenientes da verdade (Efésios 4:22-24).*

Se quisermos viver uma vida plena e vitoriosa, independentemente das circunstâncias, devemos levar cativo todo pensamento de derrota ou imoral para o conhecimento de quem somos em Cristo (2Coríntios 10:5):

Redimidos. Amados. Equipados para cada batalha. Vitoriosos! Essa é a verdade vivificante do Evangelho.

Capítulo 3

Dores de estimação: quando você é escravizado pelo seu passado

*Esqueçam o que se foi; não vivam no passado.
Vejam, eu farei uma coisa nova!
Ela está prestes a acontecer! Vocês não
a percebem? (Isaías 43:18-19).*

Os consultórios médicos estão cheios de pacientes que sofrem de depressão, ansiedade e vários outros distúrbios psicológicos. A indústria farmacêutica prospera na venda de medicamentos que prometem ajudar homens, mulheres e até crianças a lidar com o estresse emocional, físico e psicológico. Se fôssemos avaliar a maioria desses pacientes, acredito que concluiríamos rapidamente que muitos deles têm traumas do passado e feridas emocionais não resolvidas impedindo-os de prosperar na vida.

De acordo com a Associação Americana de Psicologia,[4] as consequências da raiva reprimida, da amargura e da instabilidade levam milhões de estadunidenses às farmácias todos os anos. Uma impressionante receita de 11 bilhões de dólares foi recebida pelas gigantes farmacêuticas apenas com antidepressivos em 2010. Vários desses casos são de pessoas que vivem acorrentadas ao seu passado. Parece que não elas conseguem livrar-se dele. Infelizmente, muitos de nós podemos nos identificar com a história delas.

---

[4] "Inappropriate prescribing" ["Receita inapropriada"]. Disponível em: http://www.apa.org/monitor/2012/06/prescribing.aspx.

Há muitos cristãos que não conseguem prosperar em sua caminhada de fé porque parecem não ser capazes de abandonar seu passado. Podemos viver tão presos a pecados, mágoas e traumas do passado a ponto de os cultivarmos como um animal de estimação: os alimentamos, cuidamos deles com zelo e frequentemente nos recusamos a fazer algo para superá-los e abrir mão deles.

No entanto, se quisermos construir uma forte Ponte da Fé, superar o nosso passado é necessidade absoluta.

Neste capítulo, gostaria de discutir questões relacionadas a sentimentos prejudiciais que se transformam em fortalezas e nos mantêm presos ao passado e ineficazes para Deus: a falta de perdão, relacionamentos rompidos e experiências negativas do passado. Na verdade, essas preocupações pesadas têm a capacidade de quebrar a fundação da nossa própria ponte de 30 centímetros.

Se acreditamos que "todas as coisas contribuem juntamente para o bem de todos aqueles que amam a Deus, dos que foram chamados de acordo com o seu propósito" (Romanos 8:28), então devemos acreditar que Deus quer que obtenhamos sabedoria a partir das nossas experiências passadas, perdoemos aqueles que nos ofenderam e usemos nosso testemunho para fortalecer a nossa fé e testemunhar a respeito da libertação que Jesus nos dá.

Mas como fazer isso? Como podemos nos libertar de nosso passado, perdoar a nós mesmos e aqueles que nos prejudicaram, permitindo que nossas mágoas nos deixem?

Gostaria de ilustrar primeiro como consentimos que nossos traumas e nossas experiências determinem a forma como respondemos ao presente.

A cura só pode começar quando identificamos que temos um problema. Reconhecer e admitir o problema é o começo da cura.

ARRASTANDO UMA CARGA PESADA

NOSSA CONVERSA ESTAVA indo bem. Falamos sobre a escola das nossas meninas, o clima e as preocupações com o país e a economia.

Eu havia aprendido a manter nossas conversas bastante superficiais. Mas, infelizmente, tínhamos tempo suficiente para o inevitável. O passado batia à porta, e minha amiga tinha que deixá-lo entrar.

Você já esteve perto de alguém que simplesmente não consegue se livrar do passado? Será que você é uma dessas pessoas?

Esse tipo de personalidade pode ser encontrado em qualquer lugar, e cada família tem pelo menos um exemplo disso. Eles arrastam suas algemas em todos os lugares aonde vão. São escravos e não sabem disso; são infelizes e invariavelmente se tornam amargos, ressentidos e solitários... muito solitários.

Essas pessoas são médicos e donas de casa, ricos e pobres. Muitas delas se sentam no banco da igreja ao nosso lado. Outras até conhecem Jesus como seu Salvador, mas, por motivos diversos, optam por permanecer acorrentadas à miséria de seu passado, mesmo sabendo que Jesus veio para libertá-las.

Meu coração dói por elas, mas, sinceramente, como mencionei antes, muitos de nós já passamos por isso. Tenho certeza disso.

Durante anos, olhei para trás a fim de encontrar justificativa para minha má atitude e fé superficial. Culparia minhas inseguranças pelo casamento desfeito de meus pais e a pobre autoimagem por coisas que ouvi enquanto crescia. Atribuí o ciúme àquele namorado infiel e a relutância em abandonar maus hábitos ao fato de ter sido criada em uma cultura mais liberal.

Culpa, culpa, culpa.

Preso às correntes que nos têm mantido limitados ao nosso passado está o monstro da culpa. E nós o alimentamos toda vez que arrastamos o passado, permitindo que ele nos roube um presente e um futuro plenos e bem-sucedidos.

Honestamente, não é fácil liberar o passado. E não posso, com toda justiça, comparar minhas experiências, por mais dolorosas que sejam, com algumas outras histórias terríveis que ouvi. Porém, independentemente da medida de nossa dor, eventualmente devemos ser confrontados com duas perguntas simples:

→ "Estamos dispostos a liberá-las?"

→ "Acreditamos que Deus é capaz de reescrever *qualquer* história?"

Às vezes é mais fácil trazer o passado atrelado conosco porque, para confrontá-lo, devemos assumir a nossa parcela de responsabilidade sobre nosso destino. Claro, há coisas que estão absolutamente fora do nosso controle. Uma criança nunca faz nada para justificar o abuso ou o surgimento de uma doença grave. Não é culpa de ninguém que um pai morra ou saia de casa, abandonando sua família. Essas são experiências verdadeiramente traumáticas, trazidas às pessoas todos os dias por decisões sobre as quais elas não tinham controle.

No entanto, existem mágoas do passado sob as quais temos uma parcela de culpa que é difícil de confrontar. É mais fácil continuar culpando a mãe e o pai, o ex-marido ou a ex-mulher do que olhar para dentro de nós mesmos, pedindo a Deus que nos ajude e permitindo que ele nos ensine como seguir em frente e tomar posse do nosso destino.

Há também o fato de que nos acostumamos a viver aprisionados. Podemos culpar as circunstâncias do nosso passado por tanto tempo que não sabemos mais como sobreviver sem a disfunção. Que verdade dolorosa para alguns de nós!

Claro, se você costuma culpar alguém por sua miséria atual, mesmo que o que essa pessoa fez já tenha acontecido há muito tempo, torna-se muito difícil deixar para lá ou escolher mudar de assunto e virar a página.

Liberte-os!

Eu estava descansando na cama no andar de cima enquanto me recuperava de uma cirurgia complicada. A risada das minhas filhas chegou ao quarto e me acordou. Elas estavam rindo, cheias de alegria com a vovó e sua maneira nova e criativa de brincar com elas.

Sorri e fiz uma oração de agradecimento por minha mãe. Mais uma vez, essa mulher amorosa largou tudo em sua vida e voou quase 10 mil quilômetros para cuidar de mim e de minha família em um momento de necessidade. Independentemente da distância, do tempo ou do custo, sei que, enquanto Deus der fôlego a minha mãe, sempre poderei contar com ela.

Minha mente volta no tempo e me lembro de nosso relacionamento enquanto crescia. Como muitas mulheres de sua época, ela tinha de trabalhar cinco dias por semana e, às vezes, nos fins de semana para ajudar no orçamento familiar. Portanto, ela não foi muito envolvida em nossas atividades do dia a dia. Durante a adolescência, quando o relacionamento de meus pais se tornou tempestuoso, todos nós fomos vítimas das consequências de um casamento desfeito. Hormônios e raiva fizeram minha mente jovem se fechar para qualquer bom senso. A dor de ver meus pais se separando cegou qualquer tentativa de entender minha mãe, e, assim, nosso relacionamento tornou-se distante e instável.

Enquanto ambas lutávamos com as crises individuais, nos machucamos profundamente. Como em muitas outras situações mãe-filha que conheci, houve dor, incompreensão e incompatibilidade por vários anos.

Hoje, porém, apesar de tudo que houve no passado, posso dizer honestamente que minha mãe é uma de minhas melhores amigas. Anseio por vê-la e passar tempo com ela. Adoro ouvir a voz dela quando falamos por telefone. E, mesmo que nossas personalidades sejam bem diferentes e nem sempre concordemos, o amor e o desejo de estarmos juntas cresce mais a cada ano que passa.

Nosso segredo?

Nós libertamos uma à outra!

NÃO PODEMOS DEIXAR DE ENVELHECER, MAS PODEMOS ESCOLHER FICAR MAIS SÁBIOS.

JÁ ADULTA, COMECEI a entender os anseios, tristezas e decepções de minha mãe. Muitas vezes me obriguei a me colocar em seu lugar para imaginar suas experiências.

Quando me tornei cristã, aos 25 anos, percebi pela primeira vez que ninguém é digno de perdão; no entanto, é exatamente isso que Cristo oferece a qualquer um que pedir. Também constatei que o verdadeiro amor nunca retém o perdão e que não podemos esperar ser perdoados se não perdoarmos os outros. Esta ex--aluna de colégio católico conhecia muito bem as palavras da Oração do Senhor em Lucas 11: "Perdoa os nossos pecados, pois também perdoamos a todos os que nos ofendem."

Conheço várias mães e filhas que estão perdendo tempo e uma vida plena umas com as outras por causa da falta de perdão. Conheço filhas que não suportam estar perto de suas mães e mães cujas filhas nunca corresponderão às suas expectativas. Conheço mães que competem com suas filhas e filhas que nunca vão concordar com suas mães, mesmo quando elas estão absolutamente certas.

O mesmo ocorre em diferentes relacionamentos nos quais a confiança e os sonhos são destruídos. Sem perdão, não há restauração factual. Sem restauração, nosso futuro está fadado à derrota. O céu fecha. Nossa Ponte da Fé permanece quebrada e, portanto, não funciona.

Enquanto continuamos orgulhosos, guardando rancores de trinta anos, não percebemos que somos nós que estamos presos. Mesmo que a pessoa que machucou você tenha um coração endurecido e te machuque continuamente, faça um favor a si mesmo: liberte-a! Peça a Deus para ajudar você a perdoá-la e ore por ela. Estenda o mesmo perdão que você tanto deseja receber daqueles a quem você magoou.

Não consigo me lembrar exatamente de quando começou, mas, em algum momento da vida, comecei a escolher amar minha mãe por quem ela é. Não tento mudá-la e não olho mais para trás. Estou ansiosa pelos anos que temos pela frente. Não importa quantos tenhamos, estou escolhendo, um passo de cada vez, desfrutar plenamente cada um.

Independentemente de quem machucou você — seja o pai, cônjuge ou amigo —, perdoar não é fácil. Na verdade, acredito que é impossível sem Deus. Mas, com a ajuda dele, você pode.

Já tentou pedir a Deus para ajudar você a superar e perdoar?

Para o homem é impossível, mas para Deus todas as coisas são possíveis (Mateus 19:26).

Nossos pecados não nos representam

Conheci várias pessoas ao longo dos anos que diziam não conseguir parar de pensar nos seus pecados passados, nas decisões que tomaram antes de aceitar a Cristo como seu Salvador.

Uma amiga querida sofreu com pensamentos autodepreciativos por muitos anos após sua salvação. Embora acreditasse que Deus havia lançado seus pecados tão longe quanto o Oriente está distante do Ocidente (Salmos 103:12), ela não conseguia parar de pensar neles e, consequentemente, sentia-se indigna do amor de Deus.

Muitas pessoas podem se identificar com essa experiência. Acredito que seja mais comum entre pessoas como eu, que se tornaram cristãs quando adultas. Geralmente chegamos a Cristo com muito mais arrependimentos do que alguém que foi salvo em tenra idade.

Independentemente de quantos anos você tinha quando se tornou cristão, o conceito de "autoperdão" é perigoso por causa de suas consequências para nossa vida espiritual. Se quisermos viver vitoriosos em Cristo, devemos confrontar as razões pelas quais parece que não conseguimos nos livrar de nossos erros do passado e tomar posse da nossa natureza como "nova criatura" comprada com o precioso sangue de Jesus na cruz.

Apegar-nos aos erros do passado entristece o coração de Deus. Quando nos recusamos a renunciar a eles, assumimos uma posição que pertence somente a Deus: nos tornamos juízes.

De forma muito distorcida, assumimos uma posição de farisaísmo. Ou seja, Deus perdoou os seus pecados, mas você não consegue se perdoar?

De fato, dizer que o que você fez está além do perdão é o mesmo que dizer a Jesus que seu sangue não foi suficiente. É como acreditar que o sangue do Cordeiro perfeito não foi suficiente para poupar você do anjo da morte (Êxodo 12:23). É como declarar que você deve adicionar seu próprio sangue às ombreiras das portas. Um pouco presunçoso, não acha?

Lembrar-se constantemente dos pecados que você cometeu também pode significar que não está completamente curado ou que não superou totalmente as tentações que o perseguiam no passado.

Pensar constantemente que você não é digno de amor sugere que Deus cometeu um erro ao escolher você para se tornar parte de sua família. Isso porque ele é amor (1João 4:8).

Em seu livro *O cristão ateu*, o autor Craig Groeschel nos chama para quebrar os grilhões da vergonha:

Como Pedro, podemos nos libertar do ciclo da vergonha. Vivemos uma vida de derrota pessoal, mas Deus quer renovar nosso coração e nossa mente e nos enviar ao seu mundo como luzes brilhando na escuridão. Como Pedro, podemos nos convencer da verdade, ou seja, que nossos pecados não nos representam. E também não somos o que os outros nos fizeram. Em vez disso, somos o que Deus diz que somos: seus filhos. Somos perdoáveis. Podemos mudar. Somos capazes. Somos moldáveis. E estamos ligados ao amor sem limites de Deus.[5]

UMA MESA, DOIS HOMENS:
UMA VIDA RENOVADA E OUTRA CONDENADA ETERNAMENTE

ERA HORA DA celebração da Páscoa. Jerusalém fervilhava de judeus de todos os lugares, prontos para receber perdão e restauração. O cenáculo estava quieto com as palavras de Jesus ecoando no coração de seus amigos íntimos.

Ele disse que sua hora havia chegado.

O coração de Pedro estava cheio de tristeza. O coração de Judas, cheio de ganância. O Salvador deu a Pedro a terrível notícia de que ele o negaria três vezes naquela mesma noite. Então disse a seus discípulos que um deles o trairia. Judas sabia o tempo todo que ele se tornaria o culpado. Quando Judas beijou o rosto de Yeshua, ele sabia que estava selando o destino de Jesus. Seu pecado foi deliberado e cuidadosamente planejado.

Pedro, por outro lado, não conseguia conceber em seu coração que negaria seu melhor Amigo, seu Redentor. Não muito antes, ele havia proclamado a divindade de Yeshua a todos que pudessem ouvi-lo (Mateus 16:13-17). Ele amava Jesus e acreditava nele. Ansiava por segui-lo. Apenas algumas horas depois, arriscaria a própria vida para salvá-lo no Getsêmani (João 18:10). Ele não tinha nenhuma intenção real de negar o tão esperado Messias.

No entanto, quando o galo cantou ao amanhecer, a culpa encheu seu coração. Três vezes ele havia negado a seu Senhor. Tudo em uma noite fatídica.

Continuando a leitura do Evangelho, vemos como o destino de cada homem foi moldado pela resposta ao seu pecado.

Embora ele tivesse acesso ao mesmo perdão e à mesma graça que você e eu teríamos, a culpa de Judas não permitiu que ele recebesse a vida eterna.

---

5 GROESCHEL, Craig. *O cristão ateu*. São Paulo: Vida, 2012.

Pedro, por outro lado, usou seu pecado e o perdão de Javé para seguir em frente e promover o Reino. Ele não negou seu erro, mas, em vez de usá-lo para aprofundar as raízes da autodepreciação e da derrota, ele usou sua experiência para falar aos outros sobre a graça redentora de Deus. Imagino a imensa alegria de Pedro ao escrever sua epístola, lembrando-se do perdão do Mestre:

> *Ele mesmo levou no corpo os nossos pecados sobre o madeiro, a fim de que morrêssemos para os pecados e vivêssemos para a justiça. Por suas feridas vocês foram curados (1Pedro 2:24).*

Essa é a mensagem vivificante da cruz. Jesus não apenas deu sua vida para nos reconciliar com o Pai; ele também carregou nossos pecados em seu corpo para que pudéssemos usar o passado para testificar de sua maravilhosa graça, não para nos condenar. Por suas feridas inestimáveis somos *curados*. Perdoados.

Então, o que escolherás?

Você vai continuar carregando o peso do passado, permitindo que o diabo aponte seu dedo nojento, lhe acusando: "Como você ousa pensar que vale alguma coisa?" e, consequentemente, como Judas, escolher a morte (espiritual)?

Ou... você contemplará os braços do Salvador estendidos na cruz e escolherá aceitar a vastidão de seu amor e sua graça abrangente?

Ele já perdoou você e enviou cada um de seus pecados para o mar escuro do esquecimento. Agora, para seu próprio bem, escolha de uma vez por todas deixá-los lá!

> *De novo, terás compaixão de nós; pisarás as nossas maldades e lançarás todos os nossos pecados nas profundezas do mar (Miqueias 7:19).*

Lembre-se: Satanás está por trás dessa nossa tendência a guardar culpa e rancor. Devemos entender isso. A autocondenação não vem da cruz; vem daquele que tudo fez para impedir a cruz.

Podemos optar por permanecer presos ao passado e viver derrotados; ou podemos optar por aproveitar nossas experiências para nos fortalecer e edificar o testemunho de libertação. Aí podemos ser usados para dar esperança às pessoas em cativeiro.

Sem dúvida alguma, Deus pode utilizar nosso testemunho de libertação de um determinado pecado para ajudar outras pessoas. Essa é uma das razões pelas quais você encontrará ex-alcoólatras ajudando alcoólatras, ex-viciados ajudando viciados. Não há nada mais poderoso do que a canção de uma vida redimida à medida que ela está sendo reconstruída.

Abandone o passado

Que tal as pessoas que engrandecem seu passado como a melhor época de sua vida?

Você já esteve perto de cristãos que continuam se gabando de seus momentos divertidos, das festas e coisas mundanas em que estavam envolvidos antes de se converterem ou de começarem a dedicar mais suas vidas a Cristo? Essas pessoas me lembram dos judeus no deserto de Parã. A história é contada no capítulo 11 do livro de Números.

Nessa passagem, o povo de Israel começou a se queixar com Moisés sobre o tipo de comida que Deus havia providenciado para eles. "Maná! Nada além do maná!", reclamavam.

Uma das coisas que me chamou a atenção ao estudar o cenário dessa passagem foi a localização deles. Se o povo estivesse acampado aos pés do Monte Horebe, teria alguma provisão ao seu alcance, como ervas e vegetais. Entretanto, no deserto de Parã, onde estavam localizados, não havia recursos de onde tirar. Era um lugar desolado. Portanto, sua reclamação diária deveria ter rapidamente se transformado em adoração com ação de graças, pois era óbvio que o maná enviado do céu era nada menos que outro milagre do Deus Todo-Poderoso.

Em vez disso, com os olhos cegos pela luxúria, eles magnificaram a fartura de comida no Egito, como se Deus tivesse cometido um erro terrível ao livrá-los da escravidão.

Enquanto estavam no Egito, eles reclamavam do fardo a que foram submetidos dia e noite e, quando se viram comendo maná no deserto, começaram a falar sobre o Egito como se tivessem vivido lá como reis. Eles falavam como se a comida que comiam sob a guarda do Faraó fosse de graça para eles, evidentemente esquecendo que pagavam por isso com sua própria liberdade.

Eles se lembravam de pepinos, melões, alho-poró, cebolas e alhos como se fossem alimentos preciosos e delicados, esquecendo o tempo todo o chicote dos senhores de escravos, a morte e a tristeza que cercavam a vida deles. Que tolos!

Nós nos lembramos dos peixes que comíamos de graça no Egito; também dos pepinos, das melancias, dos alhos-porós, das cebolas e dos alhos. Agora, porém, a nossa garganta está seca! Nunca vemos nada, a não ser este maná! (Versículos 5-6).

Pepinos, melões, alho-poró, cebola e alho? Oh, meu Deus!

Se não formos cuidadosos, podemos cair no mesmo erro que os judeus cometeram repetidas vezes. À medida que vagamos em nosso próprio deserto, às vezes esperando que as promessas de Deus sejam cumpridas em nossa vida, podemos cair na armadilha de Satanás de focar tanto o nosso passado aparentemente melhor que acabamos não vendo os milagres de provisão e libertação de Deus no presente.

No versículo 6, os judeus estavam reclamando do maná que tanto admiraram quando o viram pela primeira vez. Era uma boa comida; de fato, uma comida celestial, gratuita e fornecida o suficiente para o que cada família precisava por dia. Além disso, o maná veio da generosidade de Deus. Era novo a cada manhã, assim como são as misericórdias de Deus para conosco (Lamentações 3:23). E, no entanto, eles desprezaram a provisão de Deus.

Tenha cuidado para manter seu passado no passado. Se não o fizer, vai valorizar demais certas coisas que pareciam boas, mas que, no fim, poderiam ter custado sua liberdade, paz e alegria. Pior ainda: você pode perder os milagres de provisão que Deus está enviando para seu caminho agora — provisão para as necessidades do seu corpo e para os anseios da sua alma, enquanto ele caminha ao seu lado no deserto onde você se encontra.

Alguém machucou você? Para seu próprio bem, liberte essa pessoa! Há cura disponível para você se apenas abrir as cadeias de culpa e rancor e estender aos outros a mesma graça e o mesmo perdão que Jesus lhe concedeu na cruz.

Você estragou tudo e perdeu o melhor de Deus para sua vida? Ele tem um novo "melhor" para você, se estiver disposto a pedir a ele que lhe perdoe e mostre o caminho. Ele é um Deus de segundas chances, de terceiras... sim, de chances ilimitadas!

Você sente falta da "fartura" que parecia ter antes de começar a andar com Deus? Lembre-se de que todas as coisas materiais, realizações humanas e todos os prazeres deste mundo não são nada comparados às promessas e à gloriosa herança que recebemos ao andarmos em obediência ao nosso Criador.

Abra suas mãos e deixe a mágoa ir embora. Estique os braços para cima e permita que Deus encha seu coração com o que ele tem de melhor. Deixe que encha seu copo com coisas novas até que realmente transborde! De fato, a mensagem de restauração da Bíblia é a mesma de Gênesis a Apocalipse: "Eu sou capaz de reescrever a sua história — qualquer história. E posso fazer novas todas as coisas, se você estiver disposto a seguir em frente."

Assim como Jesus fez com a mulher no poço, a qual não olhou para trás para os seus anos de promiscuidade, mas, pelo contrário, saiu compartilhando sua história de redenção na cidade (João 4:7-27), ele pode fazer o mesmo com você.

Assim como fez com José, que não se apegou aos anos de escravidão e prisão, mas ansiava pelo cumprimento das promessas de Deus feitas a ele em um sonho (Gênesis 37:5-9), Jesus pode fazer isso por você.

E assim como fez com a mulher com o vaso de alabastro, que derramou seu passado e sua dor aos pés do Salvador, aquele que podia lhe dar a esperança de um novo futuro (Lucas 7:37-38), ele quer limpar o seu passado para prepará-lo para um amanhã cheio de luz.

"Eu vim para que tenham vida e a tenham plenamente", diz o Senhor Jesus.

Ele não se oferece para apagar o passado, mas para nos curar e restaurar completamente, se estivermos dispostos a cortar as correntes e liberar o que aconteceu no passado.

Essa é a parte da nossa história que está absoluta e inquestionavelmente em nossas mãos. Ninguém pode fazer isso por nós. Devemos escolher abandonar o passado para que possamos receber o futuro pleno de Deus.

Capítulo 4

Quando você se envolve com a turma errada

*Nenhum homem é uma ilha isolada; todo homem
é um pedaço do continente, uma parte do todo
(John Donne, Meditação VXII).*

John Donne foi um famoso poeta inglês e clérigo (sacerdote) da Igreja da Inglaterra no século XVII. Ele escreveu a famosa frase "nenhum homem é uma ilha" enquanto lutava contra uma doença que acabou tirando sua vida. Ele escreveu as aclamadas *Meditações* quando ponderava sobre a vida, a doença, a saúde e os relacionamentos, na época em que ele previu corretamente como a proximidade do fim de sua jornada na Terra. Desde então, a citação tem sido usada em poesia, música e arte em geral para reforçar o fato de que não podemos viver sozinhos.[6]

Esta é uma verdade poderosa: família e amigos influenciam muito a forma como respondemos à vida. Dê a uma criança um ambiente bom e saudável e ela prosperará. Cerque uma criança de más influências e essa criança terá poucas chances de sucesso e de tomar decisões sábias.

Tenho um testemunho pessoal dessa verdade.

Criada por pais brasileiros de classe média, minha juventude foi marcada por amor e sacrifício por parte de meus pais. Eles trabalharam muito para conseguir dar uma boa educação aos filhos. No Brasil, o ápice da boa educação era frequentar

---

[6] Referência a *Meditações XVII*, in *http://en.wikisource.org/wiki/Meditation_XVII*.

escolas católicas. E assim fui criada, assistindo a missas na escola e conhecendo as ordenanças da igreja. Meus pais eram católicos não praticantes, o que significava simplesmente que eles professavam a fé católica, mas não iam à missa. Quando completei 13 anos, o casamento de meus pais havia se deteriorado para um relacionamento insustentável. O ambiente em casa não era dos melhores. Foi um período confuso e difícil para todos nós. Para piorar as coisas, grandes mudanças hormonais do início da adolescência me afetavam.

Foi quando procurei me manter ocupada como forma de fuga. Clube de teatro, vôlei, aulas de piano, aulas de inglês, liderança em clube de escoteiros... quando olho para trás, vejo que a minha lista de atividades era exaustiva. Mas essas atividades forneceram propósito e objetividade ao meu coração confuso. Eu não via isso na época, mas hoje está claro para mim que Deus, em sua misericórdia, estava me protegendo, mantendo-me ocupada.

"Mente vazia é oficina do diabo", dizia minha mãe. Como sempre, o tempo provou que ela estava certa. Mas, quando olho para trás e contemplo aqueles dias, também posso me lembrar de alguns amigos que tiveram uma vida tão ocupada, pais que também tiveram pouco tempo para seus filhos e, no entanto, essas pessoas tomaram decisões terríveis que impactaram sua vida por anos: drogas, gravidez na adolescência, acidentes de carro por dirigir embriagado. Eram crianças que frequentavam a mesma escola, os mesmos programas. Sentaram-se nos mesmos bancos em que as freiras nos ensinaram a disciplina e o temor do Senhor. No entanto, decidiram dizer "sim" para as escolhas erradas.

O que aconteceu?

Eu deveria ser a garota que pegou o caminho errado, certo? Meus pais estavam se divorciando, minha irmã havia saído de casa. Eu estava confusa e precisava escapar. Eu precisava de aprovação. Eu precisava de amor. E, para me ajudar a lidar com essas emoções, não seria difícil encontrar algo que me ajudasse a me sentir entorpecida. As coisas que estavam acontecendo em minha vida serviam de ingredientes perfeitos para decisões erradas na adolescência. E, ainda assim, eu não as tomei. Não me envolvi em drogas. Nada de sexo adolescente. Mantive boas notas e uma boa reputação, apesar do que vivi na época.

Por que não tomei decisões que destruiriam a minha vida?

Primeiro, tenho de dar crédito aos meus pais. Embora seu casamento tenha fracassado, eles nunca falharam com os filhos. Nunca me senti como se não fosse amada. E, apesar de eles só terem recebido a salvação mais tarde na vida, também me ensinaram boa moral e ética, tanto em palavras quanto em ações, mesmo durante suas provações mais difíceis.

Mas há uma influência que acredito firmemente que se tornou fundamental: meus amigos eram bons e de boa moral.

*Não se deixem enganar: "As más
companhias corrompem os bons
costumes" (1Coríntios 15:33).*

"Diga-me com quem andas que direi quem és." Eu seria uma mulher rica se ganhasse um dólar cada vez que ouvia isso de minha mãe quando era adolescente. Minha mãe estava certa novamente. Assim como um bom amigo pode ajudar uma pessoa a tomar decisões sábias, companheiros inconsequentes ou negativos podem nos derrubar e nos afastar de caminhar com sabedoria com Deus.

Em meio às tempestades que assolaram minha vida, tive bons amigos. Os adolescentes com quem eu andava queriam fazer o que era certo. Eles não eram rebeldes. Nós nos divertimos, como os adolescentes fazem, mas era uma diversão inócua. Fiquei longe da multidão errada. E acredito que meu ambiente determinou muito do resultado daqueles anos tumultuados.

Naquela época da minha vida, era fácil identificar a "turma errada". Mas às vezes não é tão fácil. De fato, frequentemente pensamos na turma errada apenas como viciados em drogas ou imorais, mas nem sempre é esse o caso. Infelizmente, sua má influência pode não ser tão evidente.

Na verdade, quando se trata de nos ajudar a manter forte a nossa fé, a "turma errada" pode ser constituída de membros de nossa família e amigos de infância. Eles podem se sentar no banco na igreja ao nosso lado e assistir aos mesmos estudos bíblicos. Geralmente, são pessoas que conhecemos há bastante tempo e, portanto, é difícil nos separarmos delas. No entanto, por causa de suas atitudes e escolhas na vida, elas podem ser uma grande parte da razão pela qual achamos difícil receber o melhor de Deus na vida.

Existem muitas características em um amigo que devem nos alertar sobre sua má influência. Meu propósito neste capítulo é ajudar você a identificar esses traços nas pessoas ao seu redor e ajudá-lo a perceber quanto eles afetam a maneira como você reage às suas circunstâncias e até que ponto o peso deles contribui para quebrar sua Ponte da Fé.

O PESSIMISTA AO SEU LADO

*...e, na presença dos seus compatriotas e dos poderosos
de Samaria, disse: — O que aqueles frágeis judeus estão*

fazendo? Será que vão restaurar o seu muro? Irão oferecer sacrifícios? Irão terminar a obra em um só dia? Será que vão conseguir ressuscitar pedras de construção daqueles montes de entulho e de pedras queimadas? Tobias, o amonita, que estava ao seu lado, completou:
— Pois que construam! Basta que uma raposa suba lá, para que esse muro de pedras desabe! (Neemias 4:2-3).

DE TODOS os maus companheiros, os pessimistas provavelmente estão entre os que podem causar o maior dano.

Neemias recebeu a tarefa de reconstruir os muros de Jerusalém. Ele sabia que o projeto não seria fácil. Ele foi designado por Deus para o desafio e começou a reunir as pessoas certas, colocando-as em posições estratégicas para reconstruir o muro que guardaria a desprotegida cidade de Jerusalém.

Ao ler o primeiro e o segundo capítulos de Neemias, a tarefa desafiadora de reconstruir o muro toma forma quando cada pessoa se dedica a uma parte do muro, em uma bela lição de projeto de engenharia organizado.

Tudo está funcionando como um relógio. No entanto, quando nos voltamos para o capítulo 4, encontramos Sambalate e Tobias, o amonita, furiosamente tentando desencorajar Neemias e seus trabalhadores a terminar sua tarefa dada por Deus.

O texto não diz isso, mas parece que Neemias conhecia esses homens muito bem. Eles tentaram de tudo para distrair Neemias e seus trabalhadores:

"*O muro está fraco!*"; "*Vocês são fracos!*"; "*Vai demorar muito!*"; "*Quem você pensa que é?*"

Eles continuaram argumentando contra o desejo dos judeus de realizar o plano de Deus.

Posso olhar para trás em minha vida e relatar situação após situação em que as pessoas tentaram me desencorajar a fazer o que precisava ser feito ou a cumprir a direção de Deus para minha vida.

Se eu tivesse ouvido os pessimistas ao longo do caminho, não teria me casado com meu marido... nem teria me mudado para outro país do outro lado do continente. Se eu os tivesse ouvido, teria parado meu ministério depois de escrever o primeiro devocional. Se eu tivesse dado ouvido aos pessimistas, não teria dito "sim" a Deus em tantas coisas que não faziam sentido, mas que eu sabia ser a vontade dele para a minha vida.

Da mesma forma, se Neemias e seus trabalhadores tivessem ouvido os opositores, eles teriam acreditado em suas mentiras, parado o trabalho e não realizariam a tarefa de Deus.

Você consegue identificá-los em sua vida?

Os pessimistas zombam de suas visões dadas por Deus. Eles dizem que o que você está fazendo é errado. Eles vão achar o mal em cada bem.

No fim das contas, dadas as circunstâncias certas, eles têm o potencial de minar a sua energia e a sua vontade de seguir em frente.

Ao ver o pessimista ao seu lado, você tem três opções: acreditar nele, deixá-lo ou desconsiderá-lo. Se você pode deixá-lo ou não, depende do tipo de relacionamento, e é algo que só você pode decidir.

Lembre-se de que estou falando de amigos, não de seu cônjuge ou parente. Alguns desses relacionamentos não podem ser encerrados. Mas, com a ajuda de Deus, você pode optar por desconsiderar a negatividade deles. Não há desonra nisso.

Portanto, se Deus lhe deu uma tarefa, mesmo que pareça impossível e algumas pessoas em sua vida digam que você está louco por tentar cumpri-la, faça como Neemias e seus trabalhadores fizeram: continue trabalhando até terminar a tarefa.

E se seus *amigos* bem-intencionados chamarem você para descer de seu muro e festejar com eles, lembre-se das palavras de Neemias a Sambalate e Tobias ao responder ao convite para a festa:

Estou executando uma grande obra e não posso descer. Por que parar a obra para ir encontrar-me com vocês? (Neemias 6:3).

Se você está fazendo o que Deus lhe disse para fazer, seja o que for... *não desça!* Deixe os pessimistas continuarem a falar! Mesmo que seu trabalho árduo pareça dar poucos frutos, *não desça!*

Você saberá que superou a influência do pessimista quando continuar fazendo o que quer que Deus ordenou, seguindo suas instruções passo a passo.

Você está fazendo um ótimo trabalho. Faça o que fizer, não dê ouvidos aos seus Sambalates e Tobias. Apenas continue construindo esse muro!

O FOFOQUEIRO

O caluniador trai a confiança, mas a pessoa confiável guarda o segredo (Provérbios 11:13).

CALUNIADOR, INTROMETIDO, MEXERIQUEIRO, murmurador... esses são alguns dos termos usados na Bíblia para descrever os fofoqueiros. Nenhum deles é lisonjeiro. Nenhum deles evoca a ideia de um amigo ideal.

Mesmo agora lendo estas palavras, com certeza alguém veio à sua mente. Para alguns de vocês, se forem honestos, as palavras descrevem vocês mesmos.

Todos nós já estivemos com amigos que adoram falar sobre os outros de maneira negativa. Todos nós conhecemos pessoas que parecem não conseguir guardar um segredo nem para salvar sua vida.

E, no entanto, muitas vezes fechamos os olhos para a infidelidade deles e continuamos compartilhando nossos anseios mais profundos com essas pessoas.

Sua amiga é capaz de guardar segredos? Ou ela fica *se coçando* para criticar alguém? Acredito que esse é um grande problema com muitas mulheres. Pense bem: se Maria contasse um segredo de Sara a você ou falasse mal de Sara pelas costas, seria possível que fizesse o mesmo com você? Sem dúvida!

Amigos verdadeiros garantem uns aos outros a certeza de guardar segredos e não compartilhar informações privadas. Ponto!

Os fofoqueiros geralmente são pessoas invejosas. Ao rebaixar os outros, esperam diminuir as próprias inadequações e, portanto, sentir-se melhor.

Pergunto: quem quer chamar a inveja de amiga? A inveja não pode ser uma amiga verdadeira porque geralmente odeia quem você é e o que você tem.

Por outro lado, a verdadeira amizade se alegra com suas realizações, em vez de diminuí-las. Um verdadeiro amigo se alegra quando você é bem-sucedido, quando encontra o amor verdadeiro, inicia um ministério ou é promovido. Um verdadeiro amigo se alegra quando você está no centro das atenções, mesmo que ele não esteja.

De fato, o estado de nosso coração quando vemos outras pessoas conquistando marcos que desejamos para nós mesmos revela muito sobre a profundidade de nosso amor ao próximo.

Devemos identificar os fofoqueiros em nossa vida, por mais difícil que possa ser. Temos de decidir se permitiremos que sua influência negativa molde nossa visão dos outros e nossa eficácia como cristãos. Devemos enfrentá-los ou nos distanciarmos deles.

A única opção que não é aceitável é andar com os fofoqueiros e tornar-se um deles. Deus não pode abençoar um coração invejoso e infiel.

O IMORAL

GOSTARIA DE VOLTAR ao livro dos Números, capítulo 11. No capítulo anterior, discutimos como a cobiça dos judeus os cegou e os fez supervalorizar a comida no Egito, esquecendo-se o tempo todo dos anos de dolorosa escravidão sob o governo de mão de ferro do Faraó.

O que eu gostaria de mostrar a você é que havia uma poderosa influência subjacente ao caráter do povo de Deus no deserto:

> *O bando de desocupados que havia no meio deles encheu-se de gula por outro tipo de comida. Também os israelitas voltaram a chorar e disseram: — Ah, se tivéssemos carne para comer! Nós nos lembramos dos peixes que comíamos de graça no Egito; também dos pepinos, das melancias, dos alhos-porós, das cebolas e dos alhos. Agora, porém, a nossa garganta está seca! Nunca vemos nada, a não ser este maná! (Números 11:4-6).*

As reclamações incessantes não paravam. De fato, não é uma imagem bonita, em especial porque, infelizmente, a maioria de nós pode se identificar com a cena em algum momento de nossa história.

O povo de Israel estava baseando a atitude de seu coração em visões distorcidas que negligenciavam a bondade e a fidelidade de Deus no passado. Ao olharmos atentamente para essa passagem, podemos aprender lições importantes da ingratidão de Israel para com Deus e a maneira como eles reagiram às suas circunstâncias, embora tivessem visto Deus livrá-los e prover repetidas vezes.

Neste versículo específico, há um detalhe importante que não se deve deixar escapar. Observe as pessoas que iniciaram as reclamações; elas faziam parte do "bando de desocupados" que viajava com os israelitas. Essas pessoas não eram parte do povo de Deus. Eles "pegaram carona" com o povo de Deus, por assim dizer, enquanto o Senhor os libertava da escravidão egípcia. Essas pessoas estavam viajando em direção à Terra Prometida, mas não estavam dispostas a passar pelas provações necessárias para chegar lá.

Eles eram como as ovelhas doentes que infectavam o rebanho.

Eram como as pragas medievais, que começavam nas periferias das cidades onde reinavam a imundície e a pobreza e rapidamente se apoderavam dos palácios, matando os poderosos e os ricos.

De fato, essa ralé estrangeira caminhava ao lado do povo de Deus, mas não *com* o povo de Deus e, portanto, seus desejos carnais rapidamente se espalharam e contaminaram a atitude de Israel. Enquanto eles gemiam e reclamavam do que não tinham, seu ponto de vista sem fé obscureceu a percepção da realidade dos filhos de Deus.

E assim, de repente, a influência deles fez o Egito se transformar no paraíso!

Infelizmente, esse tipo de *contaminação* não é incomum entre o povo de Deus hoje. Existem muitos cristãos que estão sendo infectados por hereges. Sei que sou vista como radical por alguns, mas não posso deixar de acreditar, ao ler a Bíblia, que a única maneira de ser a *luz do mundo* é se você mantiver sua luz brilhando intensamente. Deve-se notar constantemente que, embora devamos viver no mundo, não precisamos viver como o mundo. Se reagirmos e nos comportarmos como o mundo em geral, nossa luz não pode deixar de se tornar opaca.

Esse é um perigo poderoso e comum — ser contaminado pelo mundo, em vez de influenciá-lo para Cristo. Quando nos colocamos no meio da influência mundana e carnal que permeia a sociedade, acabamos nos medindo de acordo com seus padrões, em vez de irradiar os caminhos de Deus. Antes que percebamos, estamos falando como eles, nos vestindo como eles e, invariavelmente, agindo como eles.

> *Vocês são a luz do mundo. Não se pode esconder uma cidade construída sobre um monte. Ninguém acende uma lâmpada e a coloca debaixo de uma vasilha. Ao contrário, coloca-a no lugar apropriado e, assim, ela ilumina todos os que estão na casa. Da mesma forma, brilhe a luz de vocês diante dos homens, para que vejam as suas boas obras e glorifiquem a seu Pai, que está nos céus (Mateus 5:14-16).*

A única maneira de sermos luz é se brilharmos de dentro pra fora.

Portanto, se somos incapazes de permanecer entre os incrédulos sem sermos contaminados por seus caminhos, pontos de vista e comportamentos, devemos optar por ficar longe até que estejamos tão imersos na luz de Deus que suas escolhas não nos afetem. Pelo contrário, ao olharem para nossa vida, eles se sentirão atraídos e interessados em saber mais sobre nosso Salvador. Só então você poderá dizer que é a luz (do mundo).

Ouse optar por investir em amizades verdadeiras. E, se necessário, sim, opte por se distanciar daquelas cujas atitudes só dificultam a manutenção da sua Ponte da Fé.

Como Craig Groeschel coloca:

> À medida que você supera [...], você também vai querer cortar quaisquer amarras que possam prendê-lo. [...] Se você está cercado por pessimistas ou outras pessoas que representam perigo para seu progresso, abandone-as. Cerque-se de novos e bons amigos. Por exemplo, se você está superando seu problema com a luxúria e seus amigos vão a clubes de *striptease* ou mantêm revistas pornográficas em casa, você precisa de novos amigos. Se você está determinado a perder 30 quilos, mas sua amiga continua aparecendo com duas canecas de sorvete Ben and Jerry Triple Caramel Chunk, ela precisa se afastar. Se você está se esforçando para agradar a Deus com sua vida, mas a pessoa com quem está namorando continua a pressioná-la a fazer coisas que você sabe que não deveria, é hora de jogar aquele peixinho de volta na lagoa.[7]

Para alguém que está lendo, talvez seja hora de jogar um cardume inteiro de peixes de volta na lagoa.

Quando dois são melhores que um

> *É melhor serem dois do que um, porque maior é a recompensa do trabalho de duas pessoas. Se caírem, um levantará o outro. Mas pobre do homem que cai e não tem quem o levante! Além do mais, se dois dormirem juntos, vão manter-se aquecidos. Como, porém, manter-se aquecido sozinho? (Eclesiastes 4:9-11).*

---

[7] Groeschel, *O cristão ateu*.

LEVANTEI MINHA CABEÇA e os vi, todos juntos naquela pequena sala. Seis pessoas que aprendi a amar como amigos queridos. Seus olhos estavam cheios de preocupação e compaixão. Suas palavras foram um bálsamo para meu espírito cansado. Quando eles começaram a orar com as mãos no meu ombro, deixei cair lágrimas de gratidão. "Obrigada, Deus, por meus amigos", sussurrei.

O que seria de mim sem amigos?

Tenho pensado sobre isso muitas vezes esses dias. Quando me mudei para os Estados Unidos, trinta anos da minha vida estavam guardados em quatro malas não tão grandes. Emoções divergentes fluíram livremente quando pousamos em Hartsfield-Jackson, em 27 de novembro de 1999. Havia a alegria por estar casada com o amor da minha vida, mas a melancolia de deixar uma vida inteira cheia de tesouros como minha família e amigos me causou uma *tristeza avassaladora*.

Hoje, buscando os meus contatos no meu *smartphone*, as lembranças daquele dia são apenas uma sombra. Deus me enviou amigos fiéis ao longo dos anos — amigos que me levantaram quando caí. Amigos que me mantiveram aquecida nos vales frios da minha vida. De fato, Salomão deve ter pensado em alguns de meus amigos quando escreveu Eclesiastes 4.

No espectro oposto de nossa lista de más influências, há outra lista que precisa ser destacada como poderosos auxiliares na construção de nossa Ponte da Fé: os nossos verdadeiros amigos. Devemos identificá-los, guardá-los em nosso coração, apreciá-los e investir em nosso relacionamento com eles. Não há dúvida de que a verdadeira amizade é um dos maiores presentes de Deus para nós. Como disse Salomão: "Tenha pena do homem que cai e não tem quem o ajude a se levantar!"

Bons amigos falam a verdade com amor

Irmãos, se alguém é surpreendido em alguma transgressão, vocês que são espirituais devem restaurá-lo com espírito de mansidão (Gálatas 6:1a).

SOU ABENÇOADA POR ter alguns amigos que falarão a verdade quando eu precisar ouvir. Minhas amigas Adriana e Terri, em especial, tornaram-se fortes bússolas em minha vida. Ambas são mulheres de oração e sabedoria, e Deus as usou inúmeras vezes para apontar falhas em meu caráter que precisavam de mudança.

Porém (e isso é tão importante), elas também são as primeiras a me encorajar e se alegrar comigo a cada pequena conquista. Eu valorizo a honestidade e a segurança que elas transmitem.

Amigos verdadeiros se doam

Ninguém tem maior amor do que aquele que dá a própria vida pelos seus amigos (João 15:13).

Quantas vezes precisei de um amigo quando era inconveniente para eles! Se você mora longe da família, como eu, já precisou da ajuda de um amigo querido em algum momento.

De fato, verdadeiros amigos se doam... sacrificialmente. Eles param e deixam de lado os próprios planos diários para ajudar um amigo necessitado. Guardam suas críticas para demonstrar compaixão com um amigo que tropeçou. Os verdadeiros amigos são generosos. E sacrifício é uma das maiores demonstrações de amor.

Na verdade, o dom da amizade foi uma das melhores ideias de Deus. Foi outra maneira que ele escolheu para demonstrar seu amor por nós.

A verdadeira amizade resiste ao tempo, à distância e às provações. Você pode não falar com uma amiga por vários meses e até mesmo não vê-la por anos. No entanto, seu amor e sua dedicação uma pela outra nunca mudam. O amor é o centro da verdadeira amizade... e disto sabemos: o amor é o maior dom de todos (1Coríntios 13).

Assim, permanecem estes três: a fé, a esperança e o amor. O maior deles, porém, é o amor (1Coríntios 13:13).

Os verdadeiros amigos se alegram com as suas vitórias.
Os verdadeiros amigos podem ser confiáveis.
Os verdadeiros amigos são um canal de bênçãos entre Deus e a humanidade.
Sendo assim, enquanto ponderamos sobre a influência dos outros em nossa vida e como eles impactam nossa Ponte da Fé, devemos fazer a pergunta: seus amigos estão ajudando você a manter sua fé... ou são pedras de tropeço?
Só você sabe a resposta.
A próxima pergunta é: o que fazer a respeito disso?

Capítulo 5

Quando você amaldiçoa a própria vida

O BURBURINHO DA CIDADE O RODEAVA, CHAMANDO ATENÇÃO PARA AS PESsoas que passavam. Ele se sentou ao pé da escada do tribunal, onde sabia que muita gente pararia e jogaria o troco na velha lata.

Podia sentir o calor do sol naquela manhã de outono. Plonct! Alguém deixou cair uma moeda. Ele enfiou a mão na lata. Seus dedos reconheceram a moeda. Ele ouviu passos de jovens risonhos que se aproximavam. A conversa deles se transformou em uma reverência silenciosa quando eles leram seu cartaz. Plonct! Plonct! Várias moedas desta vez. Talvez tivesse o suficiente para uma xícara de café para quebrar o jejum.

Uma hora se passou sem o som de uma só moeda. Foi quando ouviu os passos apressados de uma mulher, o som do salto alto revelando sua figura esbelta. Ela passou por ele e parou de repente, refazendo seus passos de volta. Ele a ouviu parar diante dele e se abaixar. Ele se assustou quando percebeu que ela havia pegado sua placa e começado a escrever algo nela.

Estendeu a mão e tocou os sapatos daquela mulher enquanto ela gentilmente colocou a placa de volta no chão.

O que se seguiu intrigou o velho. De repente, o barulho dos passos apressados dos pedestres foi abafado pela contínua avalanche de moedas. Pelo que pareceu uma eternidade, as moedas não paravam de cair em sua lata, pois cada vez mais pessoas pareciam esvaziar os bolsos. Ele estendeu a mão e tocou a lata, percebendo que estava cheia até a borda. Espantado, ele a esvaziou em sua velha bolsa.

Várias horas depois, ele ouve os mesmos passos familiares. A mesma jovem estava de volta. Ela parou na frente dele e se abaixou novamente. Só para confirmar que seus ouvidos não o enganavam, ele estendeu a mão e tocou novamente nos sapatos dela. Seus olhos estavam marejados enquanto ele lutava contra as lágrimas.

— O que você fez com a minha placa? — o velho perguntou à jovem.

Ela tocou no braço e no rosto dele.

— Eu escrevi o mesmo, mas com palavras diferentes.

Na velha placa de papelão, onde se lia: "Sou cego, por favor, me ajude", novas palavras convincentes gritavam pela compaixão dos transeuntes:

"Está um lindo dia... e não consigo vê-lo."

Essa história é retratada em um poderoso vídeo produzido por uma agência especializada em conteúdo on-line do Reino Unido. O vídeo é usado para reforçar o poder transformador de nossas palavras.

"Mude suas palavras. Mude seu mundo", diz o *slogan* da empresa.[8]

O cego da história estava colhendo poucas bênçãos porque suas palavras não comoviam o coração das pessoas.

Acredito que frequentemente nos encontramos em uma situação semelhante.

Deus tem bênçãos abundantes que deseja nos dar, mas nossas palavras refletem um coração que é muito tímido para pedir ou com fé muito fraca para receber.

Nossas palavras muitas vezes traduzem a força de nossa fé. Por isso creio que Deus tem muito interesse no que sai de nossa boca, pois geralmente é uma reflexão sobre o quanto o amamos e confiamos nele.

> *Deus escolheu criar vida com sua Palavra. Da mesma forma, um dia ele destruirá seus inimigos pelo poder de sua Palavra (2 Tessalonicenses 2:8).*
>
> *Quando criou os céus e a terra, ele falou (Gênesis 1:3).*
>
> *Antes de se tornar carne, ele era a Palavra (João 1:1).*
>
> *Quando ressuscitou Lázaro da sepultura, ele falou (João 11:43).*

As palavras, portanto, são muito importantes para Deus. São armas poderosas que podem ser usadas para abençoar ou condenar tanto a nós quanto aos que nos rodeiam.

---

8 Vídeo do site Purple Feather. Disponível em:http://purplefeather.co.uk/#3.

O poder de nossas palavras pode realmente destruir o espírito de alguém, incitar a derrota e até causar violência. Nossas palavras também podem infligir profundas feridas emocionais na vida das pessoas ao nosso redor.

Somos as únicas criaturas feitas por Deus capazes de usar esse incrível dom da fala humana. Portanto, não é surpreendente que ele confira às nossas palavras tanto poder profético sobre nossa vida. E não é à toa que as palavras tenham o poder de influenciar nosso destino.

Bençãos pequenas... foi isso que ele pediu

Há alguns anos, ouvi a ilustração de um sermão sobre um homem que morreu e foi para o Céu. Ao chegar, foi recebido por Pedro. O apóstolo o acompanhou até uma sala enorme, onde havia caixas empilhadas até o teto. Ele notou que as prateleiras do lado esquerdo tinham caixas pequenas e simples. Elas não pareciam ser capazes de segurar muita coisa dentro. As caixas do lado direito, porém, eram grandes e ornamentadas. Certamente seriam o tipo de caixa para guardar os presentes mais elaborados e caros.

O homem virou-se para Pedro e perguntou:

— O que contêm as caixas à esquerda?

— Estes foram todos os presentes que você recebeu na Terra ao fazer suas petições ao Pai ou ao abrir a boca para declarar bondade, amor e edificação em sua vida e na vida daqueles ao seu redor — Pedro respondeu.

— E as caixas grandes e bonitas? O que elas guardam?

— São os presentes destinados à sua vida — disse Pedro. — Lindos, não são? Muitos. Enormes. Eternamente gratificantes. Mas eles nunca deixaram o Céu. Você nunca pediu nem os reivindicou. Portanto, você nunca os recebeu.

Na verdade, não posso deixar de me perguntar quantos presentes originalmente destinados a nós são deixados para trás, não reclamados, apenas porque escolhemos ser tímidos e não pedimos.

Por outro lado, eu me pergunto quantas maldições trazemos para nossa vida pelo que dizemos. Eu realmente acredito que muitos de nós não podemos obter vitória sobre as circunstâncias e os problemas porque as mesmas bocas que louvam a Deus amaldiçoam seus semelhantes ou constantemente declaram derrota sobre a própria vida.

*Acaso podem brotar da mesma fonte água
doce e água amarga? (Tiago 3:11).*

"*Eu te louvo, Senhor.*"
"*Não consigo fazer nada direito.*"
"*Deus é tão bom.*"
"*Se for ruim, vai acontecer comigo.*"

Diversas vezes não percebemos o quanto as palavras influenciam o curso de nossa vida. O diabo usa as palavras que falamos como ferramentas de desânimo que nos impedem de acreditar no incrível poder de Deus.

Quantos de nós compartilhamos nosso fardo com os amigos e familiares como se fossem permanentes?

Quantas vezes nos esquecemos de que, em vez disso, a Bíblia promete que "nossos sofrimentos leves e momentâneos produzem para nós uma glória eterna que pesa mais do que todos eles"? (2Coríntios 4:17). Continuamos nossa conversa autodestrutiva, falando como se Deus tivesse se esquecido de nós e como se fôssemos amaldiçoados, em vez de abençoados.

Se você fizesse um inventário do que fala, diria que sua língua declara vida ou morte? Infelizmente, eu diria que muitos de nós declaramos mais morte do que vida durante nossa existência. Isso pode não ser necessariamente verdade sobre todos os aspectos da vida de uma pessoa, mas todos lutamos com pensamentos negativos em uma área ou outra que são traduzidos em palavras negativas.

Amaldiçoando as nossas finanças

*A língua tem poder sobre a vida e sobre a
morte; os que gostam de usá-la comerão
do seu fruto (Provérbios 18:21).*

As finanças podem nos desafiar a manter uma perspectiva positiva mais do que qualquer outra coisa hoje em dia. Muitas pessoas viram seu estilo de vida mudar tremendamente na última década. O desemprego encontra-se em níveis altíssimos. Os preços estão em alta. Os salários estão em baixa.

Muitas pessoas passam por dificuldades financeiras.

Cerca de nove anos antes, meu marido e eu perdemos uma quantia substancial quando tivemos de nos desfazer de um negócio que mantínhamos com grande prejuízo. Levamos muitos anos para conseguir pagar essa dívida. Durante esse tempo, também nos sentimos convencidos a manter nossos filhos em escolas cristãs. Nem é preciso dizer como a situação ficou apertada.

Declarar bênçãos financeiras sobre nossa vida se tornou um verdadeiro desafio, mas, há algum tempo, Deus me convenceu desta verdade: se eu acredito que Deus é, de fato, Jeová Jireh, nosso Provedor, por que eu continuaria a amaldiçoar nossas finanças, declarando o que não temos, em vez daquilo que temos?

Melhor ainda: como Deus pode nos abençoar financeiramente se agirmos como se ele fosse um Pai mesquinho que tem prazer em negar coisas boas a seus filhos?

Não me interpretem mal, pois não estou apoiando o "evangelho da prosperidade". Refuto completamente o tipo de teologia que acredita que, se você está passando por problemas financeiros, é porque sua fé não é grande o suficiente. Absurdo! Isso é o mesmo que acreditar que todos os doentes estão doentes porque sua fé é fraca. Essa é uma teologia maligna que desconsidera que Deus está no processo de nos criar e nos moldar à imagem de Jesus. É, sem dúvida, em grande parte através do sofrimento que ele cumpre esse processo.

Por outro lado, porém, se acredito que minha Bíblia é verdadeira, então devo levar Provérbios 18:21 a sério. Em outras palavras, não posso esperar por uma bênção financeira se andar por aí alardeando constantemente sobre meus problemas de falta de dinheiro.

Em vez disso, Deus me chama para louvá-lo, independentemente da minha situação financeira. Ele quer que eu seja grata por todas as bênçãos que derrama sobre minha vida, em vez de falar sobre as coisas que não tenho, mas acho que mereço ter. Em vez de reclamar ou falar sobre o que me falta, ele me chama para declarar a confiança nele por meio da oração e da ação de graças.

Ele me chama para proferir palavras de confiança que movem seu coração:

Alegrem-se sempre no Senhor. Direi novamente: Alegrem-se! Que a amabilidade de vocês seja conhecida por todas as pessoas. Perto está o Senhor. Não andem ansiosos por coisa alguma, mas em tudo, por meio da oração e da súplica, com ação de graças, apresentem os seus pedidos a Deus (Filipenses 4:4-6).

Sendo assim, da próxima vez que você se sentir tentado a declarar morte sobre suas finanças, guarde sua língua! Em vez disso, opte por agradecer e louvar ao Senhor sobre o que tem e por sua fidelidade!

Amaldiçoando nossa saúde

Há quem fale sem refletir e fere como espada, mas a língua dos sábios traz a cura (Provérbios 12:18).

UMA AMIGA ENFERMEIRA me contou a triste história de uma paciente que declarou derrota por muitos anos em sua vida e acabou colhendo uma doença mortal. Essa senhora chegava ao escritório da minha amiga e declarava: "Eu sei que vou ter câncer. Eu simplesmente sei disso."

Minha amiga ficava intrigada porque aquela senhora não tinha histórico familiar de câncer e era uma mulher muito saudável. Mas sempre que ia ao consultório negava ter boa saúde, aparentemente tentando validar sua *profecia*. Não muito tempo atrás, sua declaração se tornou realidade. Ela estava com câncer.

Será possível que alguém fique doente por causa das palavras que diz? Não podemos afirmar isso de um modo geral, mas levo a sério as muitas vezes nas Escrituras em que Deus relaciona nosso bem-estar físico e emocional com as palavras que saem de nossa boca. Embora elas não possam realmente causar uma doença grave ou crônica, como diabetes ou câncer, acredito que a maneira como reagimos às nossas condições com as palavras e ações pode estar diretamente ligada ao resultado de diversas doenças. E, no caso de pessoas afetadas por distúrbios mentais ou emocionais, isso se torna ainda mais verdadeiro.

A língua tem poder sobre a vida e a morte; os que gostam de usá-la comerão do seu fruto (Provérbios 18:21).

Sim, é bom refutar as doenças e parar de falar sobre como nos sentimos mal. Em vez disso, devemos agradecer a Deus por sua capacidade de cura. Declare isso, pois é verdade! Seja nesta vida ou na vindoura, sua cura é uma promessa.

Louve o Senhor por isso e não pense que sua condição é uma retribuição negativa dele.

Amaldiçoando nosso trabalho

> *"Eu detesto minha profissão."*
> *"Eu odeio meu chefe."*
> *"Eu nunca vou conseguir essa promoção."*
> *"Já são 17 horas?"*

Como podemos agradecer a Deus por sua provisão e, ainda assim, amaldiçoar os meios que ele usa para nos prover? Não é o mesmo que amaldiçoar a provisão de Deus para nós?
Palavras ríspidas demais? Não. Verdadeiras.
Baixamos nossa cabeça para agradecer a Deus por nossa comida, nossa casa, nosso carro. No entanto, a mesma boca que agradece a ele por essas bênçãos muitas vezes amaldiçoa os meios que o Senhor usa para concedê-las.
Se acreditamos que Deus é quem nos dá nosso emprego, por que ousamos amaldiçoá-lo? Ou aqueles que ele colocou acima de nós?

> *Todos devem sujeitar-se às autoridades governamentais, pois não há autoridade que não venha de Deus; as autoridades que existem foram por ele estabelecidas. Portanto, aquele que se rebela contra a autoridade está se colocando contra o que Deus instituiu, e aqueles que assim procedem trazem condenação sobre si mesmos (Romanos 13:1-2).*

Esses versículos nos lembram de que todas as autoridades que já estiveram no poder, de presidentes a ditadores, de seu chefe a seu professor, estão onde estão porque Deus permitiu que estivessem ali.

Sei que é difícil acreditar nisso quando vemos algumas das decisões tomadas por governos e empresas, mas é a verdade da Palavra de Deus: ninguém está no poder a menos que Deus o estabeleça. Como disse Salomão:

O coração do rei é como ribeiros na mão do Senhor; ele o dirige para onde quer (Provérbios 21:1).

Essa verdade deve mudar a maneira como nos comportamos em relação a toda autoridade constituída. Podemos não gostar de suas decisões, mas devemos nos lembrar de que Deus não desceu do trono quando permitiu que certos políticos fossem eleitos ou seu chefe assumisse o cargo.

Quando entende isso, você percebe que não há nada que os homens possam fazer para prejudicar você, a menos que Deus permita. E, se ele o faz, certamente há uma razão para isso.

Deus pode estar apenas trabalhando em seu coração.

Ou na sua gratidão.

Ele pode estar esperando que você chegue a um ponto de entrega e confiança total antes de tirá-lo de onde está.

Mas enquanto você reclamar do seu trabalho, das suas horas ou dos seus colegas, é bom saber que está amaldiçoando a própria provisão que Deus está enviando para sua vida. Estou aqui para lhe dizer, por experiência própria, que, na hora certa, Deus vai tirar você de um patrão injusto. Ele não permitirá que você fique naquele emprego nem um dia a mais do que o necessário.

Ao mesmo tempo, pare de amaldiçoar a provisão recebida. Em vez disso, ore por aqueles que o perseguem (Mateus 5:43-45). Não é uma sugestão, mas o coração do Evangelho de Jesus Cristo. Você ficará surpreso com a forma como Deus abençoará sua vida e com que rapidez ele libertará você quando começar a obedecê-lo e orar por seus inimigos.

Acredite, estou falando por experiência. Você não precisa se defender contra seus inimigos. Deus é a sua justiça. Nunca se esqueça disso. Com o Senhor do universo ao seu lado, a quem você temerá?

Declare bênção!

Jesus falou sobre o poder da fé declarada em voz alta em Marcos 11:23-24:

> *Em verdade lhes digo que, se alguém disser a este monte: "Levante-se e atire-se no mar", e não duvidar no seu coração, mas crer que acontecerá o que diz, assim lhe será feito. Portanto, eu digo que tudo o que pedirem em oração, creiam que receberão, e assim sucederá.*

Observe que Jesus está se referindo à fé transmitida por palavras. Por quatro vezes, Jesus usou verbos que exigiam uma declaração de fé. Não é suficiente acreditar com nosso coração. Devemos declarar, com nossa língua, em que acreditamos. A montanha não se moverá até que falemos com fé.

Moisés também abordou as escolhas que fazemos com o uso de nossa língua quando disse a Israel:

> *A palavra está bem próxima de vocês; está na sua boca e no seu coração, para que obedeçam a ela. — Vejam que hoje ponho diante de vocês vida e prosperidade, ou morte e destruição (Deuteronômio 30:14-15).*

Observe que Moisés disse essas palavras como uma admoestação profética a Israel pouco antes de sua morte, quando se preparava para passar o bastão da liderança a Josué. Ele deu a Israel duas opções: (1) servir a Deus em retidão e, portanto, ter uma vida próspera ou (2) desobedecer a Deus e, portanto, colher desastre e morte.

É interessante que Moisés tenha dito que a chave para essas duas opções estava no coração e na língua das pessoas. Estaria em seu coração porque é onde eles decidiriam se deveriam ou não agir de acordo com o que acreditavam.

Mas tudo seria selado com a língua deles.

Moisés estava dizendo que o povo de Deus selaria o que eles realmente acreditavam com suas palavras e, portanto, traria vida e proteção ou morte e adversidade.

Esse mesmo princípio ainda está vivo hoje. Você pode escolher acreditar em Deus e em sua Palavra, recebendo, assim, a vitória sobre suas finanças, sua saúde e seus relacionamentos; ou você pode optar por continuar falando sobre seus problemas como se Deus não fosse capaz de prover, proteger e curar.

Uma questão de testemunho

Jeryn era uma típica criança de 9 anos: animada, divertida e com energia equivalente a três de mim durante um dia inteiro. Quando ela se sentava enquanto sua mãe e eu conversávamos, não imaginava que prestasse tanta atenção no que eu fazia ou deixava de fazer ou no que me inspirava.

Por isso, fiquei surpresa quando ela me entregou uma pequena sacola contendo seu presente pessoal no meu aniversário, há alguns anos. Dentro dele, encontrei algo que ela mesma havia escolhido: a linda escultura minúscula de uma águia voando de volta para seu ninho, onde filhotes esperavam ansiosamente por sua comida.

Minha amiguinha olhou para mim com o rosto radiante de orgulho por sua descoberta. A mãe dela começou a me contar que Jeryn encontrou a escultura em uma venda doméstica de garagem e pensou em mim. Ela usou o próprio dinheiro para comprar o presente. Desnecessário dizer que aquele gesto abençoou meu coração. Mas, honestamente, fui pega de surpresa pelo fato de a pequena Jeryn — a agitada Jeryn — ter prestado atenção por tempo suficiente para saber que a amiga de sua mãe ama tanto as águias.

Sim, a pequena Jeryn pode ter estado ocupada, brincando de esconde-esconde com minhas filhas, mas ela certamente estava prestando atenção.

E minhas duas filhas também. Assim como seus filhos, netos, sobrinhos e sobrinhas. Seus olhinhos e ouvidos estão observando. E seus pezinhos estão ansiosos para seguir você.

Em Deuteronômio 11, Moisés instruiu o povo a obedecer às leis de Deus. Ele enfatizou a importância de ensiná-las aos filhos. E, embora pareça que ele estava falando apenas sobre dizer a verdade e ensinar os princípios de Deus, acredito que ele quis dizer muito mais do que isso. Ele encorajou os israelitas a ensinar sentados em suas casas, desde o nascer do sol até o pôr do sol, enquanto faziam suas rotinas diárias. Em outras palavras, ele os orientou a viver o que pregavam.

"Faça o que eu digo, mas não faça o que eu faço"

Sei que há exceções, mas acredito que, na maioria das vezes, uma das razões pelas quais tantos adolescentes e jovens adultos que foram criados na igreja mais tarde se rebelaram contra Deus é porque viviam em um lar cheio de hipocrisia.

Ouvi isso de diversas pessoas e testemunhei também em vidas ao meu redor. Muitos de nós, que vamos à igreja toda semana e estamos altamente envolvidos em ministérios, nem sempre ensinamos os princípios de Deus com nossas palavras e ações em casa.

Claro, todos nós fazemos isso até certo ponto porque somos humanos. Portanto, às vezes você e eu deixaremos de demonstrar um caráter reto para nossos filhos e outras pessoas. Há certos dias em que a vida fica difícil. Podemos estar muito cansados ou preocupados com o que está acontecendo e nos flagramos tendo uma atitude ruim. Isso é normal, desde que essas más atitudes sejam a exceção, não a regra.

Quando isso acontece, devemos nos lembrar de que temos acesso à graça de Deus. Devemos nos arrepender e, em seguida, pedir perdão à pessoa a quem magoamos (sim, mesmo que seja seu filho de 3 anos), aprender a lição e seguir em frente.

O problema é quando toda a nossa vida é o oposto do que pregamos.

Se você fizer seus filhos citarem e memorizarem o fruto do espírito em Gálatas 5, mas no mesmo dia eles testemunharem que você perdeu a paciência por causa de algo pequeno (pela quinta vez naquela semana), adivinhe qual lição eles aprenderam?

Não, eles não aprenderam com você alegria, paz, gentileza, paciência, amor, bondade e autocontrole naquela semana.

Eles acabaram de aprender que a mamãe ou o papai não consegue controlar a língua e não cultiva o fruto do espírito em sua vida.

Pior de tudo, você acabou de ensinar a eles uma lição sobre como amaldiçoar seus relacionamentos.

Se você vai à igreja e declara louvores ao Rei, levantando as mãos em adoração, e quando chega em casa grita com os filhos pelo motivo mais tolo, o que a criança que estava bem ao seu lado durante a adoração vai pensar?

Você acabou de ensinar que não há problema se ela não viver de acordo com o que aprendeu na Escola Dominical.

Se você está o tempo todo na igreja e tem tempo para assumir novas responsabilidades em nome de Jesus, mas não para ouvir sua pré-adolescente compartilhar as lutas na escola, posso quase garantir que ela ficará ressentida com a igreja e possivelmente com o próprio Deus.

A verdade é que, da mesma forma que Moisés instruiu o povo de Deus sobre como ensinar os estatutos de Deus para seus filhos, ele fez questão de enfatizar que deveriam fazer o mesmo através de suas vidas, não apenas com as palavras. Se vivermos o que pregamos, se nos esforçarmos para seguir a Deus com todas as nossas forças, não para impressionar as pessoas, mas para conduzi-las ao Salvador, os primeiros que vão querer nos seguir são os pequeninos da nossa vida.

Eles verão a alegria, a paz e o contentamento que demonstramos e seus pés estarão ansiosos para nos seguir. E, ao fazê-lo, as promessas de Deus seguirão a próxima geração, assim como prometeu aos israelitas:

> *...para que, na terra que o SENHOR jurou dar aos seus antepassados, os seus dias e os dias dos seus filhos sejam muitos, sejam tantos como os dias durante os quais o céu está acima da terra. Se vocês obedecerem a todos os mandamentos que lhes ordeno que cumpram, amando ao SENHOR, o seu Deus, andando em todos os seus caminhos e apegando-se a ele, então o SENHOR expulsará todas essas nações da presença de vocês, e vocês despojarão nações maiores e mais fortes do que vocês. Todo lugar onde puserem os pés será de vocês... (Deuteronômio 11:21-24).*

Minha oração é que nos apeguemos à verdade de que não importa quanto proclamemos o Evangelho; se não permitirmos que nossa vida seja transformada por seu poder, estaremos falhando.

Além disso, se servimos a Deus em qualquer ministério para o qual ele nos chamou, mas estamos afastando dele as pessoas em nossa vida por causa da discrepância entre nosso discurso e nossas atitudes, certamente fracassamos.

O ministério é primeiramente em casa com a família e, muito particularmente, com os filhos. Deve começar com o que declaramos com nossa boca e seguir com vidas que glorifiquem o Senhor em ações e frutos.

RESUMINDO

NO PROCESSO DE identificação dos problemas que estão mantendo nossa Ponte da Fé quebrada, devemos fazer um inventário honesto do que sai de nossa boca, bem como da forma como vivemos a fé.

Não podemos afirmar que confiamos em Deus e declarar a morte em nossa vida.

Não podemos manter uma forte conexão de fé a menos que nossa boca declare o que sabemos sobre nosso Deus.

Independentemente de nossas circunstâncias, devemos fixar os olhos nas bênçãos invisíveis que estão prontas para serem derramadas sobre nós. Devemos nos lembrar da visão daquelas caixas grandes e brilhantes que Deus tem para nós no Céu, prontas para abençoar nossa vida com "mais do que tudo o que pedimos ou pensamos, de acordo com o seu poder que atua em nós" (Efésios 3:20).

Da mesma forma, devemos pedir a Deus que nos mostre se há algo em nossa atitude que seja diretamente oposto ao que pregamos com nossa língua. Se e quando ele nos mostrar, devemos nos esforçar para prestar atenção em nossas ações e mudá-las para que nossa atitude corresponda ao que declaramos.

Também devemos fazer um esforço especial para estar mais conscientes de que as pessoas em nossa vida (especialmente as crianças) prestam muita atenção e estão constantemente nos observando. Peça a Deus para ajudar você a ser um exemplo devoto que as ajudará a querer seguir Jesus.

Há um poder incrível na língua. Se não fosse assim, Deus não teria escolhido as palavras para dar vida e iluminar as trevas. Devemos compreender essa verdade e fazer um esforço consciente para evitar palavras que amaldiçoem nossa vida e a das pessoas ao redor. Não é um processo fácil, principalmente se você usou palavras negativas durante toda a vida. No entanto, se quisermos manter uma Ponte da Fé sólida, as palavras que saem de nossa boca podem ser usadas como ferramentas para construí-la... ou destruí-la.

A escolha está na ponta da sua língua.

PARTE 2
CONSTRUINDO A PONTE

Capítulo 6

Passando um tempo com o Arquiteto

Na primeira parte deste livro, expus alguns dos problemas que nos impedem de desenvolver e manter uma boa conexão entre nossas emoções e a caminhada de fé. De fato, ao permitirmos que as ações, os pensamentos, as palavras e as obras que resultam interfiram nas verdades que sabemos sobre nosso Deus, não podemos navegar pelos altos e baixos da vida sem perder a visão... e, muitas vezes, a fé.

Essa é a razão pela qual tantas pessoas desistem de Deus quando enfrentam provações difíceis. Da mesma forma, por permitir essa interferência, aceitando que as visões do mundo contaminem seus pensamentos e ações, certos cristãos acabam se distanciando do Deus que conheciam mais cedo na vida.

Oro para que a primeira parte deste livro tenha ajudado você a identificar seus problemas pessoais — seus próprios "sinais de alerta". É minha esperança e oração que você possa eliminar o que está contribuindo para a instabilidade de sua fé, e que este livro guie sua busca pelo que ajudará a fortalecê-la.

Não pretendo deixar você sozinho ou sozinha.

Por favor, entenda que venho a você com um coração humilde, provado e testado, um coração que provou que aquelas questões que mencionei nos capítulos anteriores de fato pesam sobre nossa Ponte da Fé.

O propósito da segunda parte deste livro é ajudar a identificar os passos que você pode dar para construir e manter uma forte Ponte da Fé entre o coração e a mente. Nos próximos capítulos começaremos a explorar os hábitos necessários para a construção da *ponte entre como você se sente e o que sabe sobre o seu Deus.*

Se você é jovem na fé ou um cristão experiente, realmente não importa. Todos nós temos emoções e desafios na vida que podem potencialmente ajudar a deteriorar nosso relacionamento com Deus.

Mas estou aqui para dizer que o objetivo de Deus não é que os nossos problemas destruam o relacionamento com ele. Seu objetivo ao permitir essas provações é fortalecê-lo.

Mas você deve entender: por causa do livre-arbítrio, a escolha entre permitir que os seus problemas destruam seu amor por Deus ou o fortaleçam não é de Deus. É sua.

Falo por experiência.

Passei por câncer, desemprego de longa duração, uma grande perda de negócios e uma morte trágica na família.

Essas provações não me tornaram uma pessoa amarga. Eu acredito que elas me fizeram melhor.

"Por quê?", você pergunta.

"Patricia é uma supercristã?"

Não. Longe disso. Simplesmente fiz algumas escolhas decisivas e deliberadas. Escolhi buscar a Deus, não fugir dele. Portanto, essas provações cumpriram o que Deus planejou: fortalecer minha fé, meu amor e minha devoção ao Senhor.

Não perdi minha fé. Em vez disso, acredito que esteja mais forte do que nunca. Também observei pessoas fiéis e piedosas em minha vida passarem por vales terríveis. Na verdade, tenho visto membros da família e amigos íntimos passarem pelo que alguns chamariam de "inferno na Terra" e, ainda assim, nunca amaldiçoarem a Deus.

Em vez disso, assim como Jó, todos nós escolhemos dizer:

O Senhor o deu, o Senhor
o levou; louvado seja o nome
do Senhor (Jó 1:21).

Portanto, a intenção desta segunda parte é dizer a você: "Venha, meu amigo. Deixe-me mostrar o que aprendi. Posso não saber exatamente como você se sente, mas sei o que é enfrentar desafios maiores do que você pensa que pode suportar. Deixe-me contar o que aprendi. Segure minha mão. Com a ajuda de Deus e por sua graça, vamos construir sua Ponte da Fé."

COMEÇANDO PELO INÍCIO

A PRIMEIRA COISA que tenho a dizer é que não acredito em autoajuda. Meu "eu" só me causa problemas. Preciso da ajuda da Trindade — Pai, Filho e Espírito Santo. Isso é o que eu preciso. Você também.

O item número 1 quando começamos a construir nossa Ponte da Fé é avaliar a vida de oração.

Eu chamo isso de "passar um tempo com o Arquiteto".

Deus possui o projeto para ajudar você a construir sua Ponte da Fé, e ele deseja revelá-lo, mas você deve buscá-lo primeiro.

Se sua vida de oração é medíocre ou inexistente, sua alma está faminta. Se sua alma estiver faminta, ela procurará preencher o vazio com algo que não seja Deus. Não há dúvida sobre isso.

"Há um buraco no coração do homem que só Deus pode preencher." Em 1670, Blaise Pascal introduziu esse conceito em seu livro *Pensamentos*,[9] escrito como uma defesa do cristianismo. O conceito de "buraco em forma de Deus", no entanto, ganhou vida própria e tem sido usado por vários autores teístas para se referir a essa sede perpétua na alma do homem que só Deus é capaz de saciar.

Muitos passam a vida tentando preencher esse vazio com posses, comida, relacionamentos ou realizações, e diversas vezes chegam ao fim da vida se sentindo sem esperança e derrotados. Por outro lado, encontramos pessoas de muita fé que possuem pouquíssimas posses e até passam por dores inimagináveis sem perder a alegria e a esperança.

Em seu livro *Abra o coração e feche a geladeira*, Lysa TerKeurst fala sobre esse anseio por Deus que toda alma tem e cujo propósito deveria ser nos levar a um relacionamento íntimo e profundo com nosso Criador. Ela diz:

"De fato, nossa alma é um vácuo sedento e voraz. Se não conseguirmos entender como preenchê-la com nutrição espiritual, seremos para sempre acionados para entorpecer nossos anseios com outros prazeres físicos temporários."[10]

A única maneira de sair desse ciclo de subnutrição e fome é colocar Deus onde ele deve estar: aquela lacuna que só ele pode preencher dentro do seu coração.

Ei! A única forma de conhecer alguém profundamente é passar tempo com essa pessoa, certo? Obviamente.

---

9 PASCAL, Blaise. *Pensamentos*. Domínio público.
10 TERKEURST, Lisa. *Abra o coração e feche a geladeira*. Rio de Janeiro: Thomas Nelson Brasil, 2011.

Você deve procurar conhecer Deus

O Senhor é refúgio para os oprimidos, uma torre segura na hora da adversidade. Os que conhecem o teu nome confiam em ti, pois tu, Senhor, jamais abandonas os que te buscam (Salmo 9:9-10).

De acordo com o *Dicionário da Bíblia Eerdmans*, a palavra hebraica para "conhecer" no texto original significa "entender"; "compreender ou averiguar", "estar especialmente familiarizado com uma pessoa ou coisa".

O salmo 9 é um cântico de louvor, um chamado de Davi à adoração. Nesse salmo, ele se lembra de como Deus o capacitou para triunfar sobre os filisteus e outras nações vizinhas que lutaram contra seu trono (2Samuel 5:8).

Esta não é o tipo de canção de louvor de um iniciante ou novo crente. É a canção de um coração que buscou Deus e o encontrou durante as provações da vida. É a canção de louvor daquele que testou e provou Deus, o Libertador, Redentor e Torre Forte, um socorro presente em tempos de angústia.

Eu amo a segunda parte do versículo 10. Dá esperança para aqueles que ainda não encontraram um relacionamento verdadeiro e íntimo com Deus:

...pois tu, Senhor, jamais abandonas os que te buscam.

Davi nos lembra que a graça e a presença de Deus são estendidas a todos que o buscam. Graças à Nova Aliança estabelecida por Jesus na cruz, todos os que confiam nele como seu Salvador podem buscar Deus e encontrá-lo da maneira mais íntima.

Você o vê como "o Cara lá de cima" ou como seu "Pai Eterno"?

A porta da frente se abriu e ouvi quatro pezinhos correndo para ela. "Papaaaaaaaaiiiiii!" Abro um sorriso quando ouço os sons de beijos e risadinhas. Eu me viro e meu coração dá um salto. As três pessoas que eu mais amo na Terra são só sorrisos.

Não importa mais quão difícil foi o dia.

Problemas com amigos na escola? Lição de casa difícil? Naquele momento, elas simplesmente sabem: está tudo bem porque o papai está em casa.

Reflito sobre minha infância e como eu era absolutamente louca por meu pai (ainda sou). Ele era o Super-Homem! Sabia tudo. Podia fazer qualquer coisa. Ele também era o homem mais forte, inteligente, rico e bonito. Se você foi abençoado por ser criado por um pai amoroso, sabe do que estou falando.

Caso perguntassem a nós, as queridinhas do papai, não teríamos nenhum problema em acreditar que nosso pai pendurou a lua no céu porque realmente acreditávamos que ele poderia fazer isso.

A palavra *abba* como referência a Deus é aramaica e significa literalmente "papai" ou "papaizinho". Jesus a usou quando clamou seu Pai no jardim do Getsêmani em um momento de grande angústia, quando estava prestes a doar-se como resgate pelos pecados da humanidade (Mateus 14:36). O apóstolo Paulo também usou a expressão *"Aba*, Pai" ao se referir ao fato de que fomos adotados por Deus quando aceitamos Cristo como nosso Salvador e, portanto, podemos reivindicar com ousadia nossa herança como filhos do poderoso Deus de Israel:

Pois vocês não receberam um espírito de escravidão, para novamente temerem, mas receberam o Espírito que os torna filhos por adoção, por meio do qual clamamos: "Aba, Pai" (Romanos 8:15).

Muitos de nós temos nomes diferentes pelos quais as pessoas nos chamam.

Se alguém me chama de "senhora Holbrook", a menos que tenha 13 anos ou menos, o veredito é simples: essa pessoa simplesmente não me conhece. Por outro lado, diferentes apelidos e abreviações carinhosas costumam ser uma demonstração de como alguém é próximo de mim.

Tenho esse hábito desde que me lembro: se você faz parte da minha família ou é um amigo próximo, normalmente tenho um apelido para você. Em geral, é aquele que a maioria das pessoas conhecidas suas não usa. Quando alguém muda do status de "conhecido" para "amigo" em meu coração, provavelmente receberá um apelido especial meu.

Não é algo planejado, simplesmente acontece e sei exatamente o porquê. Quanto mais eu conheço alguém, mais eu o amo, e mais íntimos nos tornamos. Não é mais alguém que eu vejo e aceno quando passa. Você se torna especial para mim, por isso lhe dou um nome especial. Você me conhece melhor do que muita gente. Eu chamo você de amigo e isso é importante para mim.

De fato, relacionamentos íntimos e verdadeiros são difíceis de encontrar. Há uma razão para isso: leva tempo para desenvolvê-los.

Você não pode esperar estar perto de alguém a menos que passe tempo com essa pessoa, entregando-se desinteressadamente e estando disposto a colocar seus próprios interesses de lado por ela.

Da mesma forma, em muitos aspectos, os relacionamentos terrenos verdadeiros e íntimos refletem a conexão que devemos ter com nosso Pai Celestial.

Devemos conhecê-lo como uma criança que cobre o rosto do pai de beijos enquanto se senta em seu colo sem ser convidada, simplesmente porque o conhece.

Devemos conhecê-lo, assim como meu marido e eu nos conhecemos. Podemos olhar um para o outro em uma sala cheia de pessoas e saber o que o outro está pensando. Confiamos um no outro porque nos conhecemos. Da mesma forma, quanto mais intimamente conhecemos a Deus, mais aprendemos a confiar nele.

E nos tornamos íntimos de Deus por meio da oração e do estudo de sua Palavra.

Defina "oração", por favor

Você pode estar pensando: "Legal. Eu entendi. Eu oro. O que vem depois?"

Permita-me dizer que eu achava que sabia orar até que Deus revelou a verdade sobre minha vida de oração, há cerca de nove anos. Eu estava acostumada a adorar e orar até que percebi que minha vida de oração estava sofrendo de TDAH — Transtorno do Déficit de Atenção e Hiperatividade.

Tenha paciência comigo. Deixe-me explicar e aposto que você pode se identificar.

Eu estava em casa com uma criança pequena e grávida de nossa segunda filha, tão ocupada quanto uma mãe grávida pode estar.

Começava a orar e, à medida que as orações aumentavam, um pensamento cruzava a mente e eu rapidamente movia minha atenção de Deus para o que quer que estivesse pensando.

Podia sentir que minhas orações subiam pela sala, batiam no teto e voltavam para baixo.

Ler a Palavra de Deus não era diferente. Eu começava a leitura de alguma coisa e me perdia em meus pensamentos e preocupações do dia. De forma rápida e constante, minha vida de oração ficou monótona, e Deus se tornou esse Criador distante, a quem eu reverenciava e respeitava, mas com quem não podia, com toda a honestidade, me relacionar como um Pai.

Você se identifica? Acredito que todos os cristãos passam por uma fase como essa em algum momento. Permitimos que os cuidados deste mundo nos distraiam. Ou, pior ainda, nossa comunhão com o Pai é quebrada por causa de pecados deliberados em nossa vida.

A falta de intimidade com Deus nunca, *jamais*, é culpa do Pai. É nossa.

E se você tiver dificuldade em se concentrar e ficar quieto diante dele, talvez precise fazer o que eu fiz: "entrar no *closet*" para orar.

Durante anos, ouvi meu pastor Charles Stanley falando sobre seu hábito de orar num closet em sua casa. Ele tem um lugar em casa e no ministério — um quarto escuro com nada além de um travesseiro e sua Bíblia, onde ele se retira para ficar a sós com Deus.

Por isso, algum tempo atrás, quando minha família brasileira estava nos visitando por várias semanas, não conseguia encontrar um lugar para orar. Decidi então organizar meu próprio quarto de oração em casa — um lugar onde Deus e eu pudéssemos nos encontrar no escuro. Um lugar de silêncio, nada mesmo, onde espero silenciosamente que Deus fale. E então reorganizei meu closet e embarquei nessa incrível jornada que mudou minha vida de oração.

Na escuridão do meu "*closet* de oração", pergunto ao Senhor o que fazer naquele dia. Mais do que orar, estou ali para ter comunhão com ele e me aquecer em sua presença. No silêncio daquele lugar, Deus me aconselha, dirige e derrama seu amor. Esse espaço precioso tornou-se o lugar do "*Aba* e eu". Papai e sua filha.

Impagável. Muda a minha alma.

Mas devo dizer que nem sempre oro no *closet*. E pode até não ser uma opção para você.

Houve momentos em que meu *closet* era meu carro, durante as horas de deslocamento no trânsito de Atlanta. Ou meu passeio no parque. O ponto não é o lugar, mas o que você faz.

Temos uma vida tão ocupada hoje em dia que, a menos que fiquemos em silêncio na presença do Pai, dificilmente ouviremos a sua voz.

Deus fala. O TEMPO TODO! Mas estamos ouvindo? A razão pela qual muitos de nós acabam *caindo* em uma vida de complacência espiritual é porque não ouvimos nosso Senhor. Verdadeiramente, como filhos de *Aba*, não deveríamos precisar de um pastor ou de um amigo para nos dizer como viver. Devemos ser capazes de ouvi-lo nós mesmos e então simplesmente obedecer.

Antes de mais nada, precisamos permitir que Deus nos mude. Precisamos ficar quietos por tempo suficiente para permitir que ele nos mostre os seus planos para nossos dias.

Não tem tempo?

Bem, se você tem tempo para assistir ao próximo episódio daquele *reality show*, tem tempo sim para uma conversa com Deus.

Se sobra tempo para se exercitar no parque, esse é o momento perfeito para entrar em comunhão com o Senhor. Faça do parque o seu *closet* de oração!

Quer construir uma Ponte de Fé sólida?

Consulte o Arquiteto. Ele conhece os desenhos. Ele planejou o projeto. Ele conhece suas fraquezas.

Passe um tempo com o Arquiteto e Mestre do plano de sua vida. Ele mal pode esperar para mostrar a você seu plano incrível...

E seus caminhos...

E suas promessas.

Sente-se quieto na maravilhosa presença de *Aba* e prepare-se para ser abençoado.

MAS COMO EU ORO?

Certo dia, Jesus estava orando em determinado lugar. Tendo terminado, um dos seus discípulos lhe disse: — Senhor, ensina-nos a orar, como João ensinou os discípulos dele (Lucas 11:1).

Uma história é contada sobre o grande poeta e filósofo cristão inglês Samuel Taylor Coleridge em sua biografia:

Foi pouco antes da morte de Coleridge, e ele estava conversando com seu biógrafo sobre a Oração do Senhor em Lucas 11. Ele disse: "Não tenho dificuldade quanto ao perdão. [...] Nem considero ou avalio a mais solene fé em Deus como uma objeção ao ato mais árduo da razão ou da vontade. Oh, não, meu querido, é orar — orar como Deus quer —, é isso que às vezes me faz gelar a alma. Acredite em mim, orar com todo o seu coração e força, com a razão e a vontade, acreditar vividamente que Deus ouvirá sua voz por meio de Cristo e, em verdade, fará o que agrada — esta é a última, a maior conquista da batalha cristã na Terra. Ensina-nos a orar, ó Senhor!"[11]

Tenho usado a Oração do Senhor desde que me lembro. Tendo sido criada em uma escola católica, fazia parte do ritual de cada manhã.

Quando entreguei minha vida a Cristo, aos 25 anos, lembro-me de pensar: "Por que o Senhor nos ensinaria uma oração tão simples? Sem palavras grandes, sem frases longas."

Na minha opinião, a Oração do Pai Nosso simplesmente não era sofisticada o suficiente.

Então resolvi estudar a oração mais de perto e, quando comecei a desvendar as camadas do que estava sob as simples palavras que Jesus nos ensinou e continuei lendo a parábola nos versículos 5 a 13 de Lucas 11, percebi que essa simples oração revela a essência de nosso relacionamento com Deus: nossa adoração, seu perdão, sua provisão, sua proteção, sua fidelidade e nossa confiança.

Nessa passagem, Jesus apresenta esta oração como um breve, mas abrangente, resumo dos desejos de um verdadeiro discípulo de Cristo.

Pai! Santificado seja o teu nome. Venha o teu Reino.
Dá-nos o pão nosso de cada dia.
Perdoa os nossos pecados, pois também perdoamos todos os que nos ofendem.
E não nos deixes cair em tentação.

A Oração do Senhor nos aponta a essência do que devemos buscar em nosso tempo de oração.

---

11 COLERIDGE, Samuel Taylor. *Table Talk of Samuel Taylor Coleridge: And the Rime of the Ancient Mariner* [*Conversas à mesa de Samuel Taylor Coleridge: e A balada do velho marinheiro*]. Londres: Christabel, & C., 1884, p. 94.

Pai! Santificado seja o teu nome. Venha o teu Reino.

Petição nº 1: **a glória de Deus e o progresso do Reino devem ser o primeiro foco de nossa vida.**

O fato de a oração começar louvando a Deus e continuar com petições pelo progresso do Reino de Deus é muito significativo em diversos aspectos.

Iniciar a oração engrandecendo a Deus repreende nosso egoísmo e molda a mente e o coração para cumprir o primeiro e mais profundo desejo do Pai: que o seu Reino avance e o seu nome seja glorificado na Terra.

Além disso, valida o que Deus enunciou nos três primeiros mandamentos da lei mosaica: Deus deve ser o foco principal de nossa vida; sua vontade e o progresso de seu Reino devem ser nosso primeiro desejo.

E mais: quando pedimos que sua vontade seja feita, nós nos posicionamos para aceitar a vontade de Deus para nossa vida, não importando a que custo. Seus caminhos muitas vezes nos levam a provações, mas, se enxergarmos a vida como uma peça-chave no seu Reino ao nosso redor, mudaremos totalmente a forma como vemos nossas provações.

Você pode lembrar as vezes que passou por uma dificuldade só para ver, meses ou anos depois, que isso lhe permitiu ajudar alguém que está caminhando pelo mesmo vale que você passou? Quantos testemunhos tenho nesse sentido!

Como você poderia estar equipado se não tivesse pisado no mesmo solo antes deles? Como seu testemunho poderia ser realmente eficaz? Sem dúvida, o seu testemunho pessoal valida seu direito até mesmo de oferecer conforto a quem passa pelo vale.

Dá-nos o pão nosso de cada dia.

Petição nº 2: **Deus provê as necessidades do meu corpo e da minha alma.**

Não devemos apenas pedir a Deus nossa provisão diária, mas também solicitar seu favor divino em assuntos espirituais.

Hawvlan lachma d'sunganan yaomana.

(Dá-nos o pão nosso de cada dia em Aramaico.)

Na língua original, a palavra "pão" significa mais do que apenas o pão que comemos. *Lachma* está relacionada com a palavra "sabedoria" (*hochma*). Portanto, Jesus aqui conecta o pão de que nosso corpo precisa com o pão espiritual pelo qual nossa alma anseia.

Sem provisão material, nosso corpo pereceria. Da mesma forma, sem alimento espiritual, nossa alma pereceria. Deus quer que tenhamos ambos. Precisamos de *hochma* para crescer espiritualmente e de *lachma* para florescer fisicamente. Para um filho de Deus, o primeiro é ainda mais essencial do que o segundo!

PERDOA OS NOSSOS PECADOS, POIS TAMBÉM PERDOAMOS TODOS OS QUE NOS OFENDEM.

Petição nº 3: **perdoe-nos, mas antes nos ensine a perdoar.**

O perdão de nossos pecados é geralmente uma das principais razões pelas quais nos aproximamos de Cristo. Percebemos nossa natureza pecaminosa e entendemos por que ele foi ao Calvário. Então confessamos nosso pecado e aceitamos alegremente sua dádiva de perdão por meio da graça, a razão fundamental de como e por que obtemos o dom da vida eterna.

No entanto, devemos lembrar que o perdão de Deus não nos exclui da obrigação de perdoar os outros. Muitas vezes seguimos a vida alegremente, com nossos pecados perdoados, mas retendo o perdão sobre aqueles que nos machucam. Quando fazemos isso, ferimos o coração daquele que pagou o sacrifício final por nosso perdão completo.

Que direito temos de reter o perdão quando ele perdoou a todos os nossos pecados? Como o Senhor pode ouvir nossas orações se guardamos rancor em nosso coração?

Eu sei a resposta. Ele não pode. Podemos nos enganar, dizendo que o Senhor está perto, nos ouvindo e abençoando quando nosso coração está obscurecido pela falta de perdão e amargura. Mas não se engane: ele só nos ouvirá quando percebermos o pecado da falta de perdão que nos persegue e libertarmos a pessoa que nos prejudicou.

Deus não pode habitar nas trevas, e um espírito que não perdoa nega aos outros aquilo que é a própria razão pela qual temos o favor de Deus.

Quer que Deus ouça suas orações? Então perdoe como você foi perdoado.

E NÃO NOS DEIXES CAIR EM TENTAÇÃO.

Petição nº 4: evite que meus pés tropecem, ó Senhor!

Todos nós seremos tentados por Satanás. Ele está por aí há muito mais tempo do que qualquer um de nós. Conhece todos os caminhos do ser humano e sabe exatamente como chegar até ele. O fato de o Senhor enfatizar em sua oração que devemos pedir a ele que nos guarde do mal deve nos encorajar. Nós não estamos sozinhos! Lembro-me de 1Coríntios 10:13:

> *Não sobreveio a vocês tentação que não fosse comum aos homens. Mas Deus é fiel; ele não permitirá que vocês sejam tentados além do que podem suportar. Antes, quando forem tentados, ele mesmo providenciará um escape, para que a possam suportar.*

Se houver algo em nossa vida que tenha o potencial de se tornar uma fortaleza para Satanás, precisamos abandoná-lo. Precisamos caminhar voluntariamente na direção oposta a qualquer porta que leve ao caminho que nos fará cair. Quaisquer que sejam nossas fraquezas, nunca devemos subestimar nosso inimigo ou nossa carne. Não podemos derrotar nenhum dos dois sozinhos.

Por outro lado, o Senhor prometeu que nos ajudaria a evitar que nossos pés tropeçassem e nos instruiu a pedir a ele que o faça. No entanto, devemos evitar qualquer caminho que nos leve para onde sabemos que vamos cair, pois, como podemos pedir a Deus "não nos deixes cair em tentação" quando deliberadamente corremos para ela?

A Oração do Senhor é bastante simples, mas seu propósito não é superficial. Seu significado, quando bem estudado, abre as portas para uma vida de oração sincera e frutífera. Seu conteúdo abrange cada uma das etapas para um relacionamento íntimo com Deus. Se seguirmos as instruções do Senhor, devemos mesmo atingir o objetivo final da vida cristã na Terra: glorificar nosso Pai Celestial.

No processo, conforme ouvimos aquele que nos criou, devemos de fato encontrar a vida plena que ele nos prometeu (João 10:10).

Persistência na oração

Quando eu era pequena, esperei por um presente especial por muitos anos. Tinha cerca de 6 anos quando comecei a pedir um piano ao meu pai. Comecei a tocar quando tinha apenas 5 anos, o que rapidamente se tornou uma paixão. Eu ia às aulas de piano duas vezes por semana. Amava!

Por muitos anos, meu piano foi apenas um sonho, pois eu praticava dia após dia em um teclado imaginário em nossa mesa de jantar.

Nos aniversários, no Natal e em qualquer outra ocasião especial, eu só tinha um pedido: queria meu piano.

Lembro-me da decepção quando cada Natal ia e vinha e eu não realizava meu maior sonho.

Então, em uma noite fria de inverno em 1981, estava em casa quando meus pais chegaram do trabalho. Jantamos e, em seguida, papai disse achar que alguém estava batendo na porta da frente. Ao dirigir-me ao vestíbulo para abrir a porta, ali mesmo, diante dos meus olhos, estava colocado um belo piano.

Meu sonho de tantos anos finalmente se tornara realidade.

Com lágrimas de alegria, sentei-me ao piano e toquei pela primeira vez. Acordei no meio da noite e verifiquei se ainda estava lá.

Quando criança, esperar não era divertido. E ainda é doloroso. Acho que isso nunca vai mudar. O que mudou, no entanto, é meu entendimento sobre as razões da espera. Existem várias. Devemos entender que esperar é um dos melhores processos de ensino de Deus.

Após a Oração do Senhor em Lucas 11, Jesus contou uma parábola que nos ensina a nunca desanimar quando se trata de orar pelo desejo do nosso coração:

> *Então, Jesus lhes disse: — Suponham que um de vocês tenha um amigo e que recorra a ele à meia-noite e diga: "Amigo, empreste-me três pães, porque um amigo meu chegou de viagem, e não tenho nada para lhe oferecer"; e o que estava dentro respondeu: "Não me incomode. A porta já está fechada, e eu e os meus filhos já estamos deitados. Não posso me levantar e dar a você o que me pede." Digo a vocês que, embora ele não se levante, mesmo sendo seu amigo, para dar-lhe o pão, por causa da importunação se levantará e lhe dará tudo o que você precisar. Por isso, eu digo: peçam, e será dado a vocês; busquem e encontrarão; batam, e a porta será aberta para vocês. Pois todo aquele que pede, recebe; o que busca, encontra; e, para aquele que bate, a porta será aberta. Qual pai, do meio de vocês, se o filho pedir um peixe, lhe dará, em lugar disso, uma cobra? (Lucas 11:5-11).*

Jesus estava ensinando a perseverança na oração. Eu gostaria de apontar duas lições a serem aprendidas dessa passagem nas Escrituras.

Lição nº 1: nenhum desânimo deve impedir que continuemos a orar

É importante perceber que, nessa passagem, o viajante é bastante exigente e seu amigo, muito egoísta. Ele está deitado na cama à noite quando o viajante bate à porta, pedindo socorro. Ele não se levanta. Diz ao amigo para ir embora.

É óbvio que Jesus está fazendo um contraste muito forte para deixar claro: até mesmo as pessoas mais egoístas acabarão nos ouvindo se continuarmos batendo.

Deus, ao contrário, não apenas em comparação com o amigo do viajante, mas como um pai terreno, certamente não ignorará nosso apelo:

...embora ele não se levante, mesmo sendo seu amigo, para dar-lhe o pão, por causa da importunação (v. 8b).

Essas palavras do Senhor não devem ser interpretadas como se Deus estivesse relutante em responder às nossas orações e, portanto, devemos buscá-lo com mais energia e orar mais alto, como os adoradores de Baal pareciam acreditar (1Reis 18). Em vez disso, devemos pensar em Deus como nosso Pai amoroso que, por nós, adia sua resposta para que possamos ser mais disciplinados em devoção a ele.

Ele várias vezes atrasa a resposta para que possamos aprender a adorar o Doador, e não o presente.

Mas há outra lição oculta sobre nossos pedidos de oração que devemos entender:

Lição nº 2: nossas orações devem passar pela grade da vontade de Deus

Isso é bem básico, mas não deixa de ser importante.

Podemos desistir de receber uma resposta positiva de Deus se nosso pedido não atender a seus padrões de justiça e retidão, se for contra seus princípios ou se o momento for errado.

Devemos nos perguntar se o que estamos pedindo passa por um teste simples: isso glorifica o Senhor? Honra sua Palavra?

Acredito que podemos facilmente atender a esses critérios se apenas usarmos Filipenses 4:8 ao avaliar honestamente nossos desejos:

Finalmente, irmãos, pensem em tudo o que for verdadeiro, tudo o que for digno de respeito, tudo o que for justo, tudo o que for puro, tudo o que for amável, tudo o que for de boa fama, em tudo o que houver alguma virtude ou algo de louvor.

Está bem, se Deus é mais amoroso e generoso do que qualquer Pai terreno jamais poderia ser, então para que precisamos esperar, mesmo quando o que pedimos passa pelo crivo de Deus do que é honroso, certo, puro, amável e de boa reputação?

QUAL É O SIGNIFICADO DO SILÊNCIO DE DEUS?

ACREDITO QUE EXISTEM várias razões pelas quais Deus às vezes parece estar longe quando oramos repetidamente pelo mesmo bom motivo.

Razão nº 1: à medida que continuamos suplicando, nos aproximamos dele

Uma das razões pelas quais Deus demora a responder é porque, no processo de orar e esperar, nosso relacionamento com o Pai Celestial é fortalecido e recebemos novas revelações de seu Espírito.

Às vezes, Deus retém suas dádivas para que possamos aprender a desejar coisas maiores. Ele muda nossa mente e nosso coração para aquilo que tem valor eterno.

É significativo que, nessa passagem, o Senhor tenha dito a seus discípulos que, se baterem e pedirem, Deus lhes dará o *Espírito Santo*.

Esse é o desejo supremo de Deus para todos os seus discípulos — que entendamos seus caminhos e andemos com ele em um nível espiritual mais profundo. Se concedesse tudo o que pedimos assim que o fazemos, não precisaríamos nos aproximar dele e, portanto, não o conheceríamos como ele deseja que conheçamos.

Razão nº 2: podemos estar pedindo a coisa errada

Ainda que nosso pedido de oração passe pelo crivo de Deus, mesmo assim pode não ser a coisa certa para você.

"Tudo me é permitido", mas nem tudo convém (1Coríntios 6:12).

Podemos simplesmente estar pedindo algo que nos dê alívio temporário enquanto Deus tem algo muito melhor reservado para nós do que aquilo que estamos pedindo.

Razão nº 3: pode não ser o momento certo ainda

Às vezes imagino Deus olhando do Céu e vendo tudo o que está acontecendo no mundo ao mesmo tempo.

Ele se assenta no seu trono, acima da cúpula da Terra, cujos habitantes são pequenos como gafanhotos (Isaías 40:22a).

Ele vê todas as peças do quebra-cabeça da minha vida e algumas que ainda não estão prontas para serem colocadas no lugar. Algumas peças estão sendo trabalhadas; elas estão sendo polidas e melhoradas.

É bom não esquecermos que Deus pode ver o passado, o presente e o futuro, e *agora* simplesmente não é o momento. Preciso confiar em seu plano e me lembrar de que, se quiser ter sucesso no caminho de Deus, eu preciso "andar por fé, não pelo que vemos" (2Coríntios 5:7).

Um bom exemplo em minha própria vida diz respeito a meu marido. Tive de esperar até os 30 anos para me casar.

Vivia muito ocupada com minha vida profissional e, aos 27 anos, todas as minhas amigas já estavam casadas. Deixe-me dizer: esperar não foi fácil. Mas agora, ao olhar para trás, vejo claramente que não estava pronta para ser a esposa que Deus queria que eu fosse antes.

É uma piada entre mim e meu marido: se tivéssemos nos conhecido antes, provavelmente não teríamos pensado duas vezes um no outro. Deus teve de trabalhar em nós dois, e ele trabalhou! Estou muito grata hoje por ter esperado.

Enquanto esperava, Jesus se tornou meu *tudo* em muitos momentos de solidão, e, portanto, nos tornamos amigos íntimos. E, em seu tempo perfeito, ele cumpriu o desejo do meu coração no marido que escolheu para mim.

Razão nº 4: podemos estar esperando a resposta da maneira errada

Vamos nos lembrar da história de Naamã em 2Reis 5.

Quando Naamã pediu a Eliseu para curá-lo, ele imaginou que o profeta celebraria uma cerimônia elaborada, evocando os poderes do Deus de Israel ao impor as mãos sobre ele para ser curado da lepra.

Parece que ele esperava algo dramático — gelo seco, trovões e fogos de artifício! Para sua decepção, as instruções de Deus ao profeta foram simples: "Diga-lhe que se lave no Rio Jordão sete vezes."

Voilá! Curado!

"É isso?", pensou Naamã. "Isso é simples demais para mim."

Podemos ter na mente a maneira exata como Deus deve nos curar ou ajudar, e pode ser que, assim como o Senhor fez com Naamã, ele responda de maneira diferente, talvez mais simples.

Pode haver um problema subjacente na forma como reagimos às coisas mais simples: podemos apenas pensar que sua porta aberta não é digna de nós e, portanto, Deus pode estar apenas tentando nos ensinar uma lição de humildade ou nos mostrar uma nova faceta de sua graça. Acredito que essa foi a lição para Naamã.

Também pode ser a sua.

A RECOMPENSA NÃO É PARA OS FRACOS DE CORAÇÃO

SABEMOS, PELO ENSINO de Jesus nessa passagem, que, embora o amigo não tenha respondido imediatamente, ele atendeu ao pedido do viajante.

E assim é com nosso Amigo: ele pode não responder imediatamente. Pode levar anos para que uma oração específica seja respondida. Ele sabe que, se recebermos tudo o que pedimos de uma só vez, ficaremos excessivamente confiantes e não precisaremos mais dele.

Mas tenha coragem: mais cedo ou mais tarde, e talvez quando você menos esperar, nosso Pai Celestial, cujos dons são eternamente bons, recompensará suas orações perseverantes com verdadeiras bênçãos. Devemos pedir e pedir continuamente. Devemos bater e continuar batendo na porta de sua misericórdia e poder, e ele certamente a abrirá para nós.

Quando você sentir vontade de desistir, quando não enxergar a resposta de Deus chegando, lembre-se das palavras de Davi em Salmos 37:25:

> *Já fui jovem e agora sou velho, mas nunca vi o justo desamparado nem seus filhos mendigando o pão.*

Lembre-se disto: seu Intercessor diante do trono, Jesus Cristo, entende exatamente pelo que você está passando.

Jesus entende

Minha cabeça estava grudada no travesseiro naquela manhã. Qualquer esperança de energia havia desaparecido com o amanhecer de um novo dia.

Minha natureza agitada queria pular da cama e começar o dia como de costume: estudar minha Bíblia, preparar as crianças para a escola, me arrumar, sair correndo de casa para enfrentar o trânsito de Atlanta... mas meu corpo respondeu rapidamente: "Não, senhora! Hoje, não. Não vamos nos levantar!" Suspirei.

Deitada na cama, semiconsciente, comecei a murmurar uma oração: "Jesus... preciso que sejas um vento sob minhas asas."

Na quietude do momento, quando uma oração é feita e uma resposta é esperada, ouvi sua voz terna sussurrar em minha alma: "Eu te entendo."

Parecia uma resposta estranha para mim. Eu esperava ouvir algo diferente, como: "Levante-se, pegue sua cama e ande!" Mas sua resposta foi clara: "Eu te entendo".

> *...pois não temos um sumo sacerdote que não possa se compadecer das nossas fraquezas, mas sim alguém que, como nós, passou por todo tipo de tentação, ainda que sem pecado (Hebreus 4:15).*

De repente, imagens da vida de Jesus na Terra vieram à minha mente, momentos retratados em filmes épicos como *A paixão de Cristo* e *Jesus*. São imagens dolorosas e inesquecíveis do meu Salvador, pois ele sofreu na carne mais do que qualquer homem ou mulher já sofreu ou sofrerá.

Entendi o que ele quis dizer.

Jesus é tão humano quanto os humanos podem ser. Ele entende o estresse. E certamente entende a dor como ninguém.

Consegui sair da cama naquele dia, mais tarde. Ao abrir minha Bíblia no dia seguinte para continuar o estudo de Hebreus, a resposta do Senhor do dia anterior ainda ressoava em minha mente. Ao ler o fim do capítulo 4, a resposta de Deus para mim começou a fazer sentido quando li os comentários do autor aos seus compatriotas sobre a natureza do nosso Sumo Sacerdote.

Vamos lembrar que o livro de Hebreus foi escrito para os judeus messiânicos do primeiro século. Aqueles homens e aquelas mulheres entendiam perfeitamente o estabelecimento do sacerdócio. Eles sabiam que os sumos sacerdotes do Antigo Testamento tinham de ser homens designados por Deus e consagrados a ele.

Após a morte e a ressurreição de Cristo, não há menções ao título de sumo sacerdote no Novo Testamento em referência a ministros dentro da Igreja.

Esse título tornou-se propriedade exclusiva de Cristo. Seu sacrifício expiatório no Calvário acabou de uma vez por todas com o sacerdócio judaico, demonstrando que sacerdotes ou sacrifícios de animais não são mais necessários.

Jesus, nosso Sumo Sacerdote solidário

Certamente ele tomou sobre si as nossas enfermidades e sobre si levou as nossas doenças; contudo, nós o consideramos castigado por Deus, atingido por Deus e afligido. Ele, porém, foi traspassado por causa das nossas transgressões e esmagado por causa das nossas iniquidades; o castigo que nos trouxe a paz estava sobre ele, e pelas suas feridas fomos curados. Todos nós, como ovelhas, nos desviamos, cada um de nós se voltou para o seu próprio caminho, mas o SENHOR fez cair sobre ele a iniquidade de todos nós (Isaías 53:4-6).

O poder de solidariedade do nosso Grande Sumo Sacerdote não é mencionado como algo para distingui-lo de outros sumos sacerdotes, mas para expressar a semelhança e a compreensão que nosso Salvador tem em relação aos sentimentos e às lutas que todos enfrentamos.

A palavra grega *astheneia*, traduzida como "fraquezas" ou "enfermidades" na maioria dos textos, refere-se tanto a enfermidades corporais, como doenças, quanto às fraquezas gerais da natureza humana.

Jesus sofreu todas as nossas enfermidades, não só física, mas emocionalmente. Se não fosse assim, nosso Rei não teria sido o Mediador Perfeito entre nós e o Deus Santo, pois não seria capaz de se solidarizar com nossas falhas e mágoas.

Observe que a grandeza incomparável de nosso Salvador como Deus, o Filho, de forma alguma o torna incapaz de empatia.

Embora seja de fato o Filho de Deus, ele tem uma alma humana, uma alma realmente, intensamente humana que passou por uma série completa de provações e tribulações e alcançou sua glória através do sofrimento.

Embora não tivesse pecado, viveu uma vida de constante tentação e tristeza por causa do pecado que sempre assolou a humanidade.

Portanto, entendemos o significado da voz profética de Isaías quando predisse sobre nosso Grande Sumo Sacerdote que ele "tomaria nossas dores", fossem elas causadas por doenças, deslealdade, irritação, solidão ou morte. Ele conhece, na carne, a força exata de todo mal que já provou e tentou a humanidade.

CONSIDERANDO TODAS AS COISAS

Porque, tendo em vista o que ele mesmo sofreu quando foi tentado, é capaz de socorrer aqueles que também estão sendo tentados (Hebreus 2:18).

Digamos que você esteja enfrentando uma provação bem difícil:
Doença...
Estresse...
Necessidade financeira...
Solidão...
Tentação esmagadora...
Traição...
Morte...

Venham a mim todos os que estão cansados e sobrecarregados, e eu darei descanso a vocês (Mateus 11:28).

Vá ao Arquiteto, seu Sumo Sacerdote. Ele já passou por isso!

Não importa para onde você olhe e o que esteja enfrentando, não há uma faceta de nossa humanidade que Jesus não tenha experimentado.

Exceto o pecado.

Ele passou por tudo que você e eu experimentamos. Venceu cada tentação e superou cada dor. Portanto, você e eu podemos ir com ousadia e pedir ao Pai, em nome do Filho, e ter a perfeita confiança de que ele ouve e entende.

Assim, aproximemo-nos do trono da graça com toda a confiança, a fim de recebermos misericórdia e encontrarmos graça que nos ajude no momento da necessidade (Hebreus 4:16).

Os Evangelhos nos mostram a realidade das muitas provações pelas quais Jesus passou durante sua vida aqui na Terra, desde a tentação de Satanás no deserto até a traição de Judas no Jardim do Getsêmani. No entanto, ele estava "sem pecado" (Hebreus 4:15). Jesus permaneceu firme, a grande custo, durante os momentos mais difíceis de sua vida como Deus Filho, e hoje continua conosco e ao nosso lado durante as mais difíceis provações.

Devemos ser ousados ao orar por nossas necessidades e pelas necessidades dos outros:

Apeguemo-nos com firmeza à esperança que professamos, pois aquele que prometeu é fiel (Hebreus 10:23).

Essa ousadia deve ser refletida em nossa vida de oração e em nosso testemunho aos outros. Temos acesso ao Santo dos Santos através do sangue de Cristo que nos redimiu. De fato, ao entrarmos em nosso tempo de oração, pisamos em solo sagrado.

Frequentemente criticamos outras religiões por seu legalismo em relação aos rituais de oração. E, ainda assim, frequentemente esses devotos são muito mais fiéis do que nós, pois se apresentam diante de seus deuses e imploram por suas necessidades constantemente.

Deveríamos nos envergonhar! Nossa relutância em orar por nossas necessidades e pelas dos outros pode sugerir falta de gratidão pelo incrível acesso que temos à presença de Deus.

Jesus está sempre presente, ansioso para ser convocado por nós.

Entremos em sua presença com mais frequência. Curvemo-nos diante dele com o coração na expectativa, sabendo que aquele que prometeu é realmente fiel!

Em seu livro *O guia das emoções*, o pastor e escritor Charles Stanley fala sobre a oração como sendo o primeiro passo para vencer nossas ansiedades:

> Não posso deixar de enfatizar isto: seu relacionamento pessoal com o Pai é tudo — o aspecto mais importante de sua vida, sem exceção. É a base de sua alegria, sua paz, sua realização, seu valor e seu sucesso. Através da comunhão com ele, você pode encontrar respostas para suas perguntas sobre quem ele é e quem ele o criou para ser. Estar de joelhos em interação íntima e pessoal com ele é como você certamente triunfará sobre todos os seus medos. Como sempre digo, sua intimidade com Deus — a maior prioridade — determina o impacto de sua vida.[12]

Que alegria saber que temos um amigo diante do Trono da Graça, e que ele é o Filho do Todo-Poderoso! Que privilégio poder ter comunhão com o Criador cara a cara! Não apenas temos amplo acesso ao Trono da Graça, mas também liberdade de expressão com aquele que está sentado nele. Podemos nos aproximar com confiança.

IMENSO AMOR

QUANDO PENSO EM minhas provações, penso em nosso Salvador na cruz com o sangue escorrendo por seu precioso rosto enquanto a multidão por quem ele morreria voluntariamente gritava: "Crucifique-o!"

Lembro-me de que meu pecado também gritou "crucifique-o" ao pé daquela cruz. Lembro-me de que ele escolheu morrer para se tornar aquele que preencheria a lacuna entre mim e um Deus perfeito e santo.

Por quê? Por um amor imenso, indescritível.

Quando considero minhas provações à luz da eternidade, ou minhas necessidades à luz da riqueza insuperável de conhecer meu Salvador mais intimamente, elas são ofuscadas.

---

[12] STANLEY, Charles. *O guia das emoções*. Rio de Janeiro: Thomas Nelson Brasil, 2015.

Quando penso que meu Jesus está sentado no alto do Céu, à direita de Deus, e que está intercedendo por mim, fico maravilhada, mas segura de que Deus ouve minhas orações. Isso me faz querer levar todas as tristezas, dúvidas e alegrias ao meu Pai. Fico animada ao pensar que ele se importa e que pode fazer qualquer coisa.

No *closet*, no parque ou lavando a louça, ele me dá vislumbres de sua graça maravilhosa, de seu amor eterno e infalível. E sim, ele até mesmo manda aquele vento para levantar as asas quando estou fraca demais para voar.

Oro para que você se sinta desafiado a passar tempo com o Arquiteto de sua Ponte da Fé, ouvindo-o obedientemente, aprendendo a abrir suas asas com expectativa pela fé, sabendo que ele quer ajudar você a voar acima de todos os desafios que enfrenta.

Capítulo 7

Preparando o terreno

Nós nos voltamos para Deus em busca de ajuda quando nossos alicerces estão abalados apenas para descobrir que é Deus quem os está sacudindo.
Charles C. West

O BARULHO ERA INSUPORTÁVEL. NOSSA CONVERSA TEVE DE PARAR QUANDO nos aproximamos do canteiro de obras. Depois de terminar de visitar o High Museum of Art, papai e eu subimos a Peachtree Street para dar uma volta pela cidade. Grandes caixotes de construção podiam ser vistos na área, à medida que novos edifícios surgiam em todo o Centro de Atlanta.

Parei ao lado de um canteiro de obras de onde vinha o barulho intenso. Espiando por um buraco, vi um trabalhador robusto operando uma britadeira. O suor escorria por seu rosto enquanto ele usava a furadeira para quebrar alguma base velha e teimosa.

O barulho era ensurdecedor; o esforço parecia ter o poder de quebrar as costas do homem.

O local estava cheio de pessoas trabalhando para garantir que a fundação daquele novo edifício resistisse ao teste do clima e do tempo. Retroescavadeiras estavam cavando fundo. Martelos, picaretas e pás subiam e desciam ritmicamente nas mãos dos trabalhadores.

Antes que o belo edifício possa embelezar o horizonte de Atlanta e convidar novos inquilinos, é preciso preparar o terreno.

É barulhento. Sujo. Feio.

Mas precisa acontecer.

Antes de qualquer construção começar, seja um prédio ou uma ponte, os operários precisam preparar o solo para retirar pedras e abrir caminho para a instalação das fundações.

Assim é com nossa vida.

Estamos cercados por uma cultura que afirma que, se estamos sofrendo, devemos ter feito algo errado. Esse é um pensamento antibíblico e preconceituoso.

Como mencionei no capítulo 2, não há dúvida de que muitas das provações que enfrentamos na vida são consequências naturais de más escolhas e de nossos pecados. É a lei natural de causa e efeito.

No entanto, como também mencionei, se você é um filho de Deus e está andando em obediência à sua voz, as provações que enfrenta podem, na verdade, ser ferramentas usadas por nosso amoroso Pai para eliminar o que não pertence à sua vida ou fortalecer seu testemunho e preparar você para cumprir o chamado dele para sua vida.

Meu objetivo neste capítulo é encorajar você a entender que Deus muitas vezes nos coloca de joelhos antes de começar a construir um alicerce sólido em nossa vida. Pecados enraizados ou falta de fé são como rochas no solo de nosso coração. Elas precisam ser removidas para que as estacas de nossa Ponte da Fé sejam cravadas com sucesso no solo. O vaso de alabastro teve de ser quebrado acima dos pés de Jesus para que o óleo precioso ungisse o Mestre e enchesse a sala com seu doce aroma. Da mesma forma, somente Deus sabe exatamente o que planeja realizar em nós e através de nós. Ele sabe como quer que o sirvamos. E as provações são frequentemente usadas para expor nossas fraquezas, fortalecer as habilidades e até mesmo ajudar a desenvolver nossos dons espirituais.

A primeira lição do processo é esta: devemos confiar nos métodos do Pai.

Quando focamos nossa atenção no plano de Deus em vez de nosso sofrimento, ganhamos uma nova perspectiva em cada dificuldade. Aprendemos que a verdadeira gratidão acontece quando focamos o Doador, não seus dons.

Essa é uma grande lição.

Neste capítulo, gostaria de desnudar minha alma ao compartilhar histórias de provações difíceis que enfrentei e como elas foram usadas por Deus para me tornar consciente de hábitos que precisavam ser abandonados, fortalecer o meu caminhar e me dar um testemunho de vitória e fé inabalável em circunstâncias difíceis.

Preparando o terreno através da doença

Os meus ossos não estavam escondidos de ti quando em secreto fui formado e entretecido nas profundezas da terra. Os teus olhos viram o meu embrião; todos os dias determinados para mim foram escritos no teu livro antes de qualquer um deles existir (Salmos 139:15-16).

Em outubro de 2010, fui convidada para ser diretora de oração do coral de nossa igreja. Por mais de um ano, tive o privilégio de liderar um grupo incrível de guerreiros de oração enquanto intercedíamos pelas necessidades de nossas famílias do coral.

O grupo constantemente clamava a Deus em nome de nossos irmãos e irmãs que passavam por terríveis dificuldades, desde o divórcio até a morte trágica e doenças terminais.

Frequentemente eu compartilhava esses pedidos de oração com meu marido e orávamos juntos. Invariavelmente, ao fim de nossa conversa, lembrávamos um ao outro de um ditado que ouvimos anos antes: "Um telefonema pode mudar a sua vida em um instante. E todo mundo vai receber esse telefonema um dia."

Em 8 de fevereiro de 2012, recebi aquele "telefonema" na forma de uma consulta médica. Estava sentindo dor abdominal por alguns dias, e a dor tornou-se quase insuportável naquela manhã. Por causa do meu histórico de saúde, meu médico me levou às pressas para o pronto-socorro a fim de fazer uma tomografia computadorizada do meu abdômen. O exame revelou um cisto ovariano rompido, o culpado pela dor excruciante.

Entretanto, para nossa surpresa, os médicos encontraram uma massa no meu rim. Dois dias depois, sentei-me no consultório do urologista, quando me disseram que eu tinha câncer de rim.

Meu "telefone" tocou.

Provando que sua graça é de fato suficiente

Mas o Senhor me disse: "A minha graça é suficiente para você, pois o meu poder se aperfeiçoa na fraqueza." Portanto, eu me gloriarei ainda mais alegremente nas minhas fraquezas, para que o poder de Cristo repouse em mim (2Coríntios 12:9).

Ao ouvir o médico me dar a notícia, vários pensamentos passaram pela minha cabeça:

"Eu não deveria ter câncer. Eu não tenho nenhum histórico na minha família. Eu sou bastante jovem. Eu como comidas saudáveis. Por que razão?"

E então o médico pronunciou aquelas palavras incríveis que mudaram instantaneamente a maneira como eu olhava para aquela dificuldade: "Esse cisto no ovário pode ter salvado sua vida. Esse câncer é um assassino silencioso, e a maioria das pessoas não apresenta nenhum sintoma até que o câncer esteja avançado e metastizado. Essa é realmente uma boa notícia."

Pausa. As primeiras lágrimas correram pelo meu rosto. Pausa. Um cisto ovariano abençoado. Pausa. Louvado seja o teu Nome, *Aba* Pai! Pausa. Tu estás comigo.

De repente, todo o meu medo se foi.

A graça incrível, indescritível e insondável se derramou sobre minha vida.

Não pretendo entender todas as facetas da graça de Deus, mas certamente a experimentei em uma dimensão totalmente nova durante aqueles dias. Minha Bíblia ficou aberta no salmo 139 por muitas semanas e, ao ler essa passagem maravilhosa, comecei a visualizar as diferentes maneiras pelas quais Deus cuidou de mim ao longo da vida.

Pude ver o grande Mestre moldando meu ser mais íntimo como se eu fosse apenas uma semente no ventre de minha mãe.

Pude ver o Pai misericordioso esperando pacientemente que eu me voltasse para ele, pois, como o filho pródigo, busquei tudo menos ele por muitos anos.

Eu o vi me cutucando misericordiosamente para entregar tudo a ele, mesmo como cristã, pois várias vezes me inclinei para meu próprio entendimento, em vez de confiar nele cegamente.

E finalmente vi Romanos 8:28 em cores vivas diante de mim, pois algo que me causou grande dor foi usado para potencialmente salvar minha vida.

Sabemos que tudo contribui juntamente para o bem de todos aqueles que amam a Deus, dos que foram chamados de acordo com o seu propósito.

E NÓS SABEMOS!

Que verdade profunda e maravilhosa que Paulo, inspirado pelo Espírito Santo de Deus, entrega no início desse versículo tão amado da Escritura: nós SABEMOS! Podemos não sentir que Deus trabalha todas as coisas juntas para o nosso bem, mas SABEMOS.

Essa verdade deve estar na frente de todas as provações que enfrentamos. Porque, honestamente, quando você é informado de que tem câncer, ou seu cônjuge diz que não lhe ama mais, ou seu filho se afasta de Deus e passa a viver em cativeiro e rebelião contra tudo o que você ensinou a ele, como podemos *sentir* que essas coisas estão "contribuindo juntas" para o nosso bem? Não tem como!

Nossa mente vai querer se desesperar e nosso coração tenderá a desistir e se rebelar. É então que você deve encorajar sua alma, como faz o salmista no salmo 42:5:

Por que está tão triste, ó minha alma? Por que se perturba dentro de mim? Ponha a sua esperança em Deus, pois eu ainda o louvarei. Ele é o meu Salvador...

Considerar "TUDO motivo de grande alegria" (Tiago 1:2) não é baseado em seus sentimentos — é uma escolha!

Meus irmãos, considerem motivo de grande alegria o fato de passarem por diversas provações; assim, vocês saberão que a prova da sua fé produz perseverança. No entanto, a perseverança deve ter ação completa, a fim de que vocês sejam perfeitos e íntegros, sem que lhes falte coisa alguma (Tiago 1:2-4).

Ao buscar Deus depois que soube estar com câncer renal, lembrei que apenas dois meses antes do diagnóstico eu havia passado muito tempo orando e pedindo a Deus que me mostrasse o que ele queria que eu priorizasse para 2012.

A lista era bem fácil:

(1) conhecê-lo mais;
(2) curtir mais minha família;
(3) servi-lo através do meu ministério.

Enquanto orava por aquele ano, lembro-me em especial de dizer a Deus para fazer o que desejasse com minha vida que o glorificasse e para que eu o conhecesse mais intimamente.

Dois dias antes do diagnóstico, me deparei com Tiago 1:2-5 e me senti compelida a escrevê-lo em um cartão retangular e afixá-lo na janela da pia da cozinha. Na noite em que voltei para casa, após a visita ao médico, Deus me fez recordar duas coisas:

1. O fato de eu ter pedido a ele que fizesse o que quisesse com minha vida para dar-lhe glória.

2. Ele havia dito a mim, dois dias antes, através da passagem em Tiago, para considerar TUDO motivo de alegria.

Esse versículo poderia facilmente ser mal interpretado, se Paulo não tivesse continuado a carta explicando o significado de "tudo": devemos considerar nossas *tribulações* e *provações* como motivo de alegria.

Que pensamento estranho e totalmente louco para aqueles que não entendem o amor de um Pai que deseja levar seus filhos a um profundo conhecimento dele! Paulo está dizendo que nossas provações produzem em nós uma resistência e uma fé que de outra forma nunca poderiam ser alcançadas. Pense nisto: como podemos ver sua cura milagrosa se não passarmos pela dor? Como podemos sentir sua presença confortante se nunca estamos sozinhos? Como podemos experimentar a alegria da libertação se nunca estivemos em cativeiro?

Amargo... ou melhor?

Ao FIM DE cada encontro chocante com situações dolorosas da vida, ficamos com duas escolhas simples. Podemos escolher nos tornar amargos... ou podemos optar por nos tornar melhores.

No primeiro processo, você permitirá que o mundo, os médicos, sua mente, o diabo e até mesmo seus amigos bem-intencionados determinem como você reagirá.

Na verdade, essa estrada é muito fácil de caminhar. Tudo o que você precisa fazer é sentir pena de si, permitindo que o medo e a dúvida permeiem sua mente... e não fazer nada a respeito.

Você pode optar por entorpecer-se com a ajuda de opioides legais ou ilegais, álcool, drogas, sexo ou qualquer outra atividade que o distraia dos problemas. Encontrará prazer momentâneo e pode até esquecer sua dor por um curto período. Mas, ao fim dessa estrada, você se encontrará amargo, vazio e perdido.

A SEGUNDA ESTRADA É O CAMINHO DE DEUS PARA SEUS FILHOS

SUA PRIMEIRA REAÇÃO provavelmente será como a reação de qualquer outra pessoa a notícias traumáticas. Você vai chorar, vai sofrer e pode até se desesperar.

Mas é neste momento que deve *escolher* parar e olhar para cima.

Você precisa se lembrar de que seu Deus amoroso, que o criou no ventre de sua mãe, cujos pensamentos sobre você são para prosperá-lo, nunca para prejudicá-lo (Jeremias 29:11), que prometeu nunca deixá-lo nem abandoná-lo (Josué 1:5), permitiu essa provação por uma razão.

E aí você deve optar por começar a adorá-lo antes mesmo de entender para onde está indo, mesmo que não sinta vontade. Você escolhe fazer isso simplesmente porque está determinado a acreditar que ele está fazendo tudo para o seu bem.

Você escolhe acreditar nele por sua Palavra, em vez de permitir que sua mente vagueie para lugares de desesperança e depressão.

Escolhe esperar com expectativa por sua libertação. Escolhe confiar que, mesmo que Deus não remova sua provação, mesmo que seu resultado esteja muito longe da versão de um final feliz, ele ainda está no controle e recompensará sua fé e sua fidelidade nesta vida e no porvir.

Você diz ao seu coração temeroso no que ele deve acreditar.

ESSA ESTRADA LEVA À VIDA ABUNDANTE

LEVA A UM relacionamento íntimo e precioso com o Pai que pode potencialmente mudar sua vida e impactar o mundo ao seu redor.

Essa estrada vai tornar você uma pessoa melhor.

Quando me disseram que eu tinha câncer, não sabia qual seria o fim da minha história. Fiquei bastante impressionada com o fato de Deus ter graciosamente revelado o câncer em um estágio tão inicial.

Não me interpretem mal. Eu tive meus momentos. Essa foi a minha terceira grande cirurgia em menos de seis anos. Assim, houve dias em que me senti deprimida e com medo.

Mas fiz uma escolha deliberada. Escolhi louvá-lo porque, embora fosse perder parte de um órgão, essa perda deveria significar que eu ganharia muitos anos para criar minhas filhas. Escolhi crer em Deus e em sua Palavra, e reivindicar a verdade de Romanos 8:28 para a vida. Escolhi dizer ao meu coração a verdade sobre o meu Deus.

Assim, o processo de preparação do terreno realizou o que Deus havia planejado.

Preparando o terreno através da solidão

Era noite de sexta-feira. Olhei distraidamente para a televisão, pensando em como me sentia sozinha. Observando a lista telefônica, sabia que as opções não eram boas. Os amigos que estariam disponíveis em uma noite de sexta-feira rapidamente me ofereceram um passeio de volta à minha vida antes de Cristo... lugares que eu sabia que não deveria mais visitar.

As novas amigas cristãs estavam todas ocupadas.

Era eu, minha TV e minha Bíblia.

Olhei para baixo e a peguei. Como recém-convertida, eu tinha ouvido falar que Jesus era tudo que eu precisava, mas não tinha certeza de como deixá-lo preencher o vazio. Desde sempre meus fins de semana eram ocupados, cheios de amigos e muitos convites. No entanto, meses antes, participei de um retiro que mudou minha vida para sempre. Entreguei a vida a Cristo naquela linda manhã de setembro e experimentei uma alegria e uma paz sem precedentes.

Passei as semanas e os meses seguintes em um deleite espiritual, participando de uma nova aula de discipulado cristão, reuniões de oração e várias funções na igreja. Eu tinha feito muitos amigos novos, mas eles eram, bem... novos. E a maioria deles era casada, de qualquer maneira. A solidão enchia meu coração nos fins de semana.

Aquele fim de semana em particular foi o mais difícil de todos.

Enquanto segurava a Bíblia, as lágrimas escorriam pelo meu rosto.

Uma de minhas melhores amigas me deu as costas. Fizemos faculdade juntas. Eu era a amiga que não a abandonou quando seu pai morreu tragicamente. Deixei minha família no Natal pela primeira vez em 23 anos e embarquei em uma viagem de ônibus de 12 horas para estar ao lado dela naquele primeiro fim de ano após o acidente de seu pai. Eu a convidei para morar comigo quando ela decidiu voltar para a cidade. Nós nos divertimos muito juntas por um ano. Entretanto, quando fiz a escolha de seguir a Cristo, ela acabou com nossa amizade de uma forma inexplicável, muito dolorosa.

Essa foi a última gota d'água no balde.

"Jesus, pensei que você preencheria minha vida, não a esvaziaria!", clamei.

Foi ali, deitada no sofá, que pela primeira vez o ouvi sussurrar em meu coração: "Estou preparando a terra para uma nova semeadura, para uma nova colheita."

Foi então que eu vi. Eu tive uma visão.

Como em um sonho, vi um campo grande e vazio. O solo mostrava lugares onde antes havia árvores. Parecia desolado. Muito feio. Então vi sementes descendo do céu, caindo dentro de cada buraco no chão. E, por fim, vi o mesmo campo, verde e cheio de árvores lindas, exuberantes e altas.

"Eis que faço novas todas as coisas", ouvi.

O Senhor disse a Gideão: "Com os trezentos homens que lamberam a água, livrarei vocês e entregarei os midianitas nas suas mãos. Mande para casa todos os outros homens" (Juízes 7:7).

Vinte anos se passaram desde aquele dia...

...e vejo a colheita. Vejo a visão de Deus cumprida. Posso fechar os olhos e ver os rostos. Meu marido, nossas duas filhas e amigos maravilhosos e verdadeiros ao longo dos anos, plantados no campo da minha vida. Além de uma grande amiga da juventude e minha família imediata, todos eles são novos.

Todos foram plantados pelas mãos fiéis de Javé.

E floresceram, deram frutos de alegria, paz e paciência...

Verdadeiras amizades. Um amor fiel e verdadeiro.

Eu fico maravilhada.

A visão era difícil de acreditar na época em que a solidão enchia meus dias. Quando Deus removeu o que eu pensava ser amor verdadeiro... e aqueles que eu considerava amigos de verdade. Ele extraiu todos, um por um, e me deixou pensando se algum dia eu me sentiria amada novamente.

Mas, antes de plantar uma nova colheita em minha vida, ele teve que me ensinar a fazer de Jesus o meu tudo, meu melhor amigo.

Em vez de ceder aos sentimentos de solidão e depressão, busquei seu rosto. Fiz da Bíblia minha maior companheira. Acordava no meio da noite para falar com meu Salvador e comecei a servi-lo na igreja.

E, antes que eu percebesse, ele começou a plantar lindas e novas sementes em minha vida.

Deus me mostrou que, assim como deu a vitória a Gideão sobre inimigos poderosos com um pequeno exército de servos fiéis (Juízes 7), seus filhos não precisam de 10 mil soldados para vencer as batalhas da vida. Quando Deus está no controle, ele elimina os infiéis e preenche o vazio em nossa vida com os poucos trezentos fiéis.

NO TEMPO DELE!

Gideão estava com medo de não ter o suficiente. Ele não podia ver como Deus faria para derrotar seu poderoso inimigo com um exército tão pequeno.

Talvez você não veja como sua vida pode continuar sem uma pessoa em particular. Ou como você pode desistir de seus velhos amigos e ainda ter alegria.

Eu desafio você a confiar nele.

Confie que o Senhor está eliminando os infiéis, limpando o solo, preparando-o para uma nova colheita.

Tudo que ele precisa é do seu coração e de sua confiança.

Garanto que um dia você ficará maravilhado ao contemplar os campos verdejantes que o Senhor plantará em sua atual terra árida.

E ao se entregar, acredite em mim: ele devolverá tudo a você.

Uma boa medida, calcada, sacudida e transbordante será dada a vocês (Lucas 6:38).

Esse é o tipo de amigo que Deus é.

Apenas confie em sua poda. Confie em sua colheita.

No final das contas, ele só corta o que não pertence em sua vida.

PREPARANDO O TERRENO ATRAVÉS DE PERDAS FINANCEIRAS

QUANDO LEVANTEI os olhos da leitura da revista, a expressão sombria de meu marido me fez congelar.

— Preciso falar com você.

— Ok — respondi, fechando a revista.

— Temos 13 dólares no banco.

— Repita — eu disse.
— 13 dólares. E a hipoteca vence em duas semanas.

Eu me senti um pouco tonta. Sabia que nossas finanças não estavam boas, mas não achava que a situação estivesse tão ruim assim.

Meu marido havia perdido o emprego quatro meses antes e tínhamos esgotado nossas economias. Tínhamos um bebê de sete meses, e eu estava em casa com ela. Após o 11 de setembro de 2001, ninguém estava contratando.

Ficamos com medo.

Porém, em vez de nos desesperar, optamos por orar.

Ao nos ajoelharmos no chão da sala, clamamos ao Dono do universo. Afirmamos nossa confiança em sua Palavra. Estávamos trazendo nosso dízimo para sua casa. Até mesmo um dízimo do seguro-desemprego. Portanto, reivindicamos sua promessa de Malaquias 4: *ele proveria*.

Nesse mesmo dia, recebemos um telefonema.

Um recrutador tinha um cargo temporário como consultor para meu marido. Ele ganharia mais por hora do que jamais ganhara como empregado.

Steve ficou desempregado por 18 meses.

Nunca deixamos de pagar nossa hipoteca.

O que fizemos?

Nós acreditamos.

Aquela foi apenas uma das provações financeiras que enfrentamos. Anos depois, perdemos bastante dinheiro em um empreendimento comercial. Passou-se muito tempo antes de conseguirmos erradicar essa dívida.

Durante esse período, não tivemos tudo que queríamos, mas Deus certamente supriu tudo que precisávamos. Mesmo que ele o tenha feito na última hora.

Ele nunca nos abandonou.

Sua experiência pode ser diferente. Você pode ter uma necessidade financeira bem maior do que já experimentei. Mas entenda isto: as promessas de Deus são as mesmas para cada um de seus filhos.

O que percebo, no entanto, é que cada lição é diferente.

Tive de aprender a confiar, a ser mais responsável com as finanças. Precisei aprender a ter um orçamento, a me contentar com pouco.

Sua experiência no vale dos encargos financeiros pode ser diferente.

Mas há sem dúvida uma lição a aprender.

O processo de "preparo do terreno" através de dificuldades financeiras tem o potencial de destruir casamentos... ou torná-los mais fortes do que nunca.

O processo de "preparo do terreno" através de dificuldades financeiras tem o potencial de torná-lo uma pessoa mais generosa... ou mais mesquinha do que nunca.

Mais uma vez, a escolha é sua. Mas não há dúvida: Deus está lhe ensinando algo. Você deve se render à lição transformadora que ele está permitindo em sua vida.

Enquanto isso, continue dizendo ao seu coração esta verdade inabalável sobre o Deus Provedor: você pode não ter tudo que deseja, mas ele suprirá todas as suas necessidades.

Preparando o terreno através do luto

Minhas filhas e eu estávamos cantando e dançando na sala de casa ao som do sucesso dos anos 1970 da banda Sister Sledge, *We are Family*, tocando nos alto-falantes. Enquanto ríamos juntas, fazendo movimentos engraçados, percebi quanto tempo fazia desde que dera uma boa gargalhada. O som era até estranho para os meus ouvidos. Percebi como nosso lar estava triste desde que perdemos o irmão de meu marido em um trágico acidente no ano anterior.

Foi então que Deus me lembrou da passagem em Eclesiastes em que Salomão fala sobre os diferentes vales e picos de montanha pelos quais todas as pessoas passam.

> *Para tudo há uma ocasião certa; há um tempo certo para cada propósito debaixo do céu: tempo de nascer e tempo de morrer; tempo de plantar e tempo de arrancar o que se plantou; tempo de matar e tempo de curar; tempo de derrubar e tempo de construir; tempo de chorar e tempo de rir; tempo de prantear e tempo de dançar (Eclesiastes 3:1-4).*

Lembrei-me de que esses bons e maus momentos são parte natural da esfera em que vivemos — um mundo decaído. Enquanto Salomão escrevia essas palavras, o Senhor o inspirou a comparar diferentes circunstâncias da vida com as estações e o curso natural da natureza.

A noite cai, e podemos ter certeza de que o dia nascerá novamente. Assim como a chuva cai, sabemos que o sol acabará por romper as nuvens.

E assim como as estações vêm e vão fielmente a cada ano, o mesmo acontece com os bons e maus momentos da vida.

Se a natureza pudesse cantar uma canção ou repetir apenas uma frase para nós através dos vales da vida, ela seria: "Isso também passará."

Exceto a morte

Passei por alguns vales muito escuros na vida. Separação física de entes queridos? Confere. Grande crise financeira? Confere. Traição de amigos? Confere. Problemas de saúde? Confere, confere, confere.

No entanto, durante todas essas provações, mesmo nos dias mais difíceis, meu coração foi capaz de louvar a Deus. Mas a morte de um parente próximo não foi apenas uma experiência nova para mim — foi, de longe, a mais difícil que já encontrei até agora.

A verdade é que, dentro das provações que encontramos, podemos passar por situações diferentes com a esperança de que a vida seja restaurada, volte ao que era antes. Você perde um emprego, há quase certeza de que eventualmente encontrará trabalho novamente. Você passa por um problema de saúde, sempre há a esperança de que Deus venha com uma cura milagrosa ou que o tratamento faça o seu trabalho.

Porém, no âmbito físico do que conhecemos, o entendimento de que você nunca mais vai abraçar aquela pessoa ou falar com ela; a separação, mesmo sabendo (pela fé) que é só por um tempo, é muito, muito difícil.

Deus não espera que seja diferente. Ele conhece a dor de perder um ente querido. Jesus chorou quando soube que seu querido amigo Lázaro havia morrido (João 11:34-36). Ele sabia que o veria novamente em breve quando o chamasse para ressuscitar dos mortos, mas a noção de que a morte havia levado o corpo de Lázaro era angustiante para o Mestre.

Davi também ficou triste quando soube que seu melhor amigo Jônatas havia morrido (2Samuel 1:26). Esse gigante da fé, que escreveu muitos dos salmos que enchem nosso coração de esperança e força nos vales mais difíceis da vida, sofreu terrivelmente com a morte de seu amigo.

Onde está, ó morte, a sua vitória? Onde está, ó morte, o seu aguilhão? (1Coríntios 15:55).

Para aqueles de nós que perderam entes queridos no Senhor, esse versículo nos dá muita esperança. Paulo estava falando aos Coríntios a respeito do poder sobre a morte eterna que a ressurreição de Jesus concedeu a seus santos.

Para quem morreu em Cristo, a morte não tem vitória nem aguilhão. Para meu cunhado Donnie, todas as lágrimas foram enxugadas (Apocalipse 21:4), não haverá mais doenças nem morte nem tristeza. Ele agora está colhendo suas recompensas diante do Mestre e desfrutando da companhia dos santos e do Deus Trino para sempre.

Para aqueles de nós que ficam, no entanto, a morte incomoda e dói muito. E dizer isso não me torna uma cristã fraca.

Isso revela que sou humana.

Sei que todos encontraremos novas alegrias e cantaremos novas canções; ainda vamos rir e continuar aproveitando os dias que Deus nos permite viver.

Mas, às vezes, a vida dói. E não tem problema admitir isso. É de se esperar!

Essa verdade está no cerne do discurso de Salomão no capítulo 3 de Eclesiastes. Matthew Henry coloca isso perfeitamente em seu comentário:

> *Há um tempo em que a providência de Deus chama para chorar e lamentar, e quando a sabedoria e a graça do homem atenderão ao chamado, e chorarão e lamentarão, assim como, em tempos de calamidade e perigo comuns, é um absurdo rir, dançar e se divertir (Isaías 22:12-13; Ezequiel 21:10); mas então, por outro lado, há um tempo em que Deus chama à alegria, um tempo para rir e dançar, e então ele espera que o sirvamos com alegria e júbilo de coração.*[13]

Confiando em sua soberania

Há uma verdade inalterável no centro de ambas as mudanças no reino natural e no espiritual: tanto a natureza quanto os homens, o clima e nossas provações estão todos sujeitos à soberania do Deus Todo-Poderoso.

Desde as coisas mais naturais que acontecem na Terra, incluindo gotas de chuva e relâmpagos, até as experiências mais transformadoras que um filho de Deus pode ter, incluindo traição, câncer e morte; todas essas coisas estão sujeitas à presciência de Deus.

Embora certamente tenha sido algo que afirmei por muitos anos desde que me tornei cristã, essa verdade se tornou uma âncora importante à qual me agarrei quando enfrentamos a trágica morte de Donnie.

---

[13] HENRY, Matthew. *Comentário bíblico – Antigo Testamento, volume 3: Jó a Cantares de Salomão*. Rio de Janeiro: CPAD, 2015.

Somos ensinados a declarar que Deus está no controle. Palavras são baratas, pois é somente quando acontecimentos da vida não fazem sentido que nossa fé na soberania e na bondade de nosso Pai é realmente testada.

Se você ou alguém que você conhece está passando por um momento difícil porque perdeu um ente querido, mesmo que você aceite, pela fé, que sua separação é momentânea (a vida é apenas um vapor, segundo Tiago 4:14), isso não muda o fato de que você está sentindo muita dor.

Um dia, Deus restaurará em seu coração a alegria que momentaneamente se foi. E você deve dançar novamente. Você encontrará uma nova alegria, não por deixar de sentir falta de seu ente querido, mas porque servimos a um Deus fiel e alegre. E embora sempre haja um buraco em seu coração, um lugar preenchido por alguém que se foi desta vida para sempre, sua fé em nosso Deus soberano trará uma nova canção ao seu coração.

A fé que assegura ser sua separação apenas momentânea levará você até o fim. Mas mesmo o tipo de fé que sobrevive ao vale da sombra da morte é uma escolha, conforme citado no devocional *Mananciais no deserto*:

> *Como cristãos, vivemos pela fé, e não pela vista (2Coríntios 5:7). Deus nunca quer que vivamos por nossos sentimentos. Nosso eu interior pode querer que vivamos de acordo com os sentimentos, e Satanás pode querer que o façamos, mas Deus quer encarar os fatos, não os sentimentos. Ele quer que enfrentemos os fatos de Cristo e suas obras consumadas e perfeitas para nós. E quando encararmos e acreditarmos nesses fatos preciosos, e acreditarmos neles simplesmente porque Deus diz que são fatos, ele cuidará de nossos sentimentos.*[14]

Você percebe o poder por trás dessas palavras? Quaisquer sentimentos que enfrentamos — desde o medo de problemas de saúde até a dor excruciante de perder um ente querido — podem ser superados quando aceitamos o caráter de Deus e de seu amor infalível!

---

14 *Mananciais no deserto*. Curitiba: Betânia.

AGRADECENDO A ELE PELO PROCESSO DE PREPARAÇÃO DO TERRENO

É DIFÍCIL FOCAR a bondade de Deus quando nuvens negras se instalam sobre nossa vida. Não é fácil manter o foco nele quando nossa saúde está piorando, a morte atinge a família ou as finanças estão desmoronando. No entanto, estou digitando estas palavras com a certeza de uma pessoa que já passou por muitas dessas provações, algumas das quais ainda enfrento.

O que aprendi com a lição em cada vale não é que a experiência seja necessariamente breve; ao contrário, a duração não importa — o que vale é que não devemos esquecer que nosso Pastor está conosco!

Mesmo que eu ande por um vale de densas trevas, não temerei perigo algum, pois tu estás comigo; a tua vara e o teu cajado me confortam (Salmos 23:4).

Ah, se compreendêssemos com todo o nosso coração e toda a nossa alma o poder por trás desta verdade... que a lição no vale da sombra de densas trevas não é uma mensagem de desespero, mas de gratidão!

Certamente a bondade e o amor leal me seguirão todos os dias da vida, e habitarei na casa do Senhor para sempre (Salmos 23:6).

De fato, neste versículo, de um salmo muito amado, Davi está gritando para você e para mim:

"Está escuro? Eu sei que você não pode ver, mas o pastor está segurando sua mão! Você não vai tropeçar e cair. Agradeça a ele por sua proteção no vale."

Você está cansado e exausto? Ele está pronto para conduzi-lo às águas tranquilas e aos pastos verdejantes que encontrará em sua presença (Salmos 23:2).

Abra sua Bíblia nos Salmos. Medite na fidelidade, na bondade e na misericórdia eterna. Agradeça a Deus por seu descanso no vale.

Lembre-se disto: um vale deve ser cercado por montanhas, e cada montanha tem seu ápice. Sua jornada levará você até lá. Na verdade, você pode estar na encosta da montanha e não perceber. De fato, a jornada fica mais difícil, mais íngreme e mais áspera à medida que chega perto do topo da montanha. Enquanto sobe, Deus está lhe ensinando diligência e confiança. Ele está fortalecendo os músculos da sua fé.

O topo da montanha é uma promessa. O vale é um campo sagrado de ensino.

Enquanto caminhamos pelos vales da morte, da solidão, da dor ou da dificuldade financeira, confiemos ao Mestre cada lição que ele tem para nós. E vamos nos apegar a ele enquanto o Senhor anda ao nosso lado por todo o caminho até o topo da montanha.

É isso que constitui ação de graças verdadeira e inabalável.

Confie no processo

Não vemos o quadro completo do nosso futuro. Só Deus sabe os planos que tem para nós. Ele conhece as coisas que precisamos aprender, as áreas em que precisamos amadurecer ou as fraquezas que nos impedirão de atingir todo o nosso potencial.

E acredito plenamente que muitas provações nada mais são do que a abertura daquele terreno duro onde insistimos em fincar os pés.

Um belo e novo edifício não pode ser erguido sobre um alicerce velho e em ruínas. É preciso haver tremores e quebras.

Podemos precisar renunciar a algumas coisas, como os hábitos que precisam ser superados ou os medos que precisam ser vencidos.

Pode ser uma amargura que precisa ser derrotada ou pessoas que precisam ser afastadas de nossa vida.

É doloroso, turbulento, mas, ainda assim, necessário.

Claro que tragédias sem sentido acontecem em nosso mundo. Mas, como seguidores de Cristo, devemos escolher acreditar que Deus não terminou de nos transformar. E, sim, o processo costuma ser doloroso. Mas ao olhar para trás, para quem fui e para quem sou hoje, posso ver o progresso.

Sem dúvida, se não fossem as diversas situações dolorosas com que me deparei, não seria a mesma pessoa. Isso não torna as coisas mais fáceis, mas decidi não questionar o Arquiteto.

Eu confio nele porque ele sabe do que preciso para me tornar a mulher que ele planejou. E certamente sei que existem algumas estruturas antigas e em ruínas no solo de minha vida que precisam ser removidas.

E quanto a você?

Capítulo 8

Um passo de cada vez

Quão pobres são os que não têm paciência!
Que ferida já cicatrizou, que não fosse aos poucos?
William Shakespeare

"Vou ao show de Michael Bublé amanhã à noite."
Pela expressão em meu rosto, minha amiga sabia que eu não fazia ideia de quem era a pessoa a que ela estava se referindo. Mais tarde, concluí que deveria estar morando em outro planeta: provavelmente eu era a única mulher que nunca tinha ouvido falar do famoso cantor canadense.

Mais tarde naquela noite, ao chegar à casa, decidi fazer algumas pesquisas e descobrir exatamente como Michael se tornou uma sensação mundial da noite para o dia. Então pesquisei o nome dele. Em um instante, a Wikipédia forneceu informações detalhadas sobre sua vida. Antes de começar a aprender sobre ele, fiquei quase irritada com o fato de esse cara ter surgido do nada e parecer ter se tornado um sucesso instantâneo, até que descobri não haver absolutamente nada de instantâneo na carreira dele.

Bublé trabalhou muito e esperou por uma oportunidade por longos anos. Ele não foi um sucesso da noite para o dia. Teve de esperar quase 20 anos antes que seu nome se tornasse uma sensação da música. Embora não conheça o sujeito, uma rápida olhada em sua vida me fez perceber que é outro clássico exemplo de uma combinação irresistivelmente poderosa para o sucesso: paciência e perseverança, duas características que estão se tornando raras nos dias de hoje.

Olhamos para as pessoas famosas ao nosso redor e quase nos ressentimos de seu aparente caminho rápido para a fama. Mas a verdade é que poucos artistas, escritores ou pessoas de destaque verdadeiramente talentosos chegam ao topo sem muito trabalho duro, fracasso, perseverança e paciência.

Vivemos em uma sociedade com sede por resultados instantâneos. Todos desejamos nos tornar Cinderelas com o toque de uma varinha mágica. Queremos terminar a faculdade e nos tornar CEO da empresa em um ano. Decidimos começar um perfil nas redes sociais hoje e esperamos ter um milhão de seguidores em um mês. Queremos perder 30 quilos em duas semanas. Adoraríamos ter uma fada madrinha acenando uma varinha e instantaneamente tornando nossos desejos realidade: "Bibbidi Bobbidi-Boo!"

É por isso que muitos ficam desanimados com Deus. Em nossa busca por ter uma fé forte, aquele tipo de fé que navega pelas águas turbulentas da vida com confiança, não podemos esperar chegar ao nosso destino sem muito trabalho, perseverança e paciência. Lamento, mas nem a Ponte da Fé pode ser construída com o aceno de uma varinha de condão.

Meu propósito neste capítulo é lembrar a você que o desejo supremo de Deus para nós é nos transformar à semelhança de seu Filho, Jesus Cristo. Portanto, o processo de construção da Ponte da Fé leva tempo, diligência e paciência.

Deus não é muito a favor de gratificação instantânea. Ao contrário de nós, ele sabe exatamente quando estamos prontos para receber as promessas e os sonhos. O processo de espera é projetado para ser um processo de crescimento.

Existem falhas em nosso caráter que só serão sanadas se formos expostos a provações, fracassos e muita perseverança. Se Deus nos dá uma visão ou promessa, devemos entender o fato de que não podemos nos tornar grandes em tudo que somos chamados a fazer, a menos que permitamos que as circunstâncias desenvolvam nosso caráter, eliminando as imperfeições e, assim, nos preparando para o sucesso. É por isso que construir uma fé forte requer diligência e disposição para mudar.

E fazemos isso com um passo de cada vez.

Um passo na direção da obediência

Quando minhas filhas eram pequenas, lembro-me de ficar muito impaciente com a tendência delas de me desobedecer repetidamente. Quando as confrontava, elas sempre se desculpavam pela desobediência e prometiam que nunca mais fariam o que me aborreceu.

Claro que a promessa durava apenas alguns dias.

Lembro-me de ficar muito frustrada com a desobediência repetida delas nas mesmas pequenas coisas. Eu me entristecia com o fato de ter de me repetir cem vezes para minhas filhas pequenas sobre o que elas deveriam ou não fazer. Ficava chateada porque elas simplesmente não pareciam entender.

E então Deus, em sua incrível longanimidade e graça, invariavelmente apontava um espelho para o meu rosto: "Oi! Você é diferente?"

A história do povo de Israel é como a nossa história. Deus os libertou da escravidão por meio de uma incrível sequência de milagres: as pragas no Egito, a abertura do Mar Vermelho, o fornecimento do maná no deserto, as guerras vitoriosas contra inimigos muito mais poderosos, a surpreendente e milagrosa queda dos muros de Jericó, e assim por diante.

No entanto, eles continuamente duvidavam, transigiam e desobedeciam.

> *O anjo do SENHOR subiu de Gilgal a Boquim e disse: — Tirei vocês do Egito e os trouxe para a terra que prometi sob juramento de dar aos seus antepassados. Eu disse: "Jamais quebrarei a minha aliança com vocês. Quanto a vocês, não farão acordo com o povo desta terra; pelo contrário, demolirão os seus altares." Contudo, vocês me desobedeceram. Por que agiram assim? Portanto, agora digo a vocês que não os expulsarei da presença de vocês; eles serão para vocês como laços, e os deuses deles, como armadilha (Juízes 2:1-3).*

Por quarenta anos, foi um passo para a frente e dois passos para trás.

Isso não soa familiar? Eu certamente posso me identificar.

Eu sou testemunha da libertação de Deus. Ele tem sido Jeová Jireh, meu provedor; Jeová Rafá, o que me cura e minha torre forte em tempos de angústia.

No entanto, no passado, ao enfrentar provações, tive dificuldade em agir com base na fé de que ele me resgataria novamente.

Nossa tendência é querermos resolver o problema com nossas próprias mãos. Ao fazermos isso, não percebemos que estamos, na verdade, construindo altares para os deuses da autoindulgência: o *nosso* tempo, *nossas* coisas e *nossos* planos.

Eu não posso deixar de imaginar Deus dizendo (assim como disse a Israel): *"Por que agiram assim?"* (v.2).

A maravilhosa aliança que Deus fez com seu povo requer apenas duas atitudes de nós: amá-lo e obedecê-lo. Todas as nossas boas obras e atividades na Igreja juntas não podem compensar o não cumprimento de nossa parte na aliança que ele fez conosco.

> *Acaso tem o Senhor tanto prazer em holocaustos e em sacrifícios quanto em que se obedeça à sua palavra? A obediência é melhor do que o sacrifício, e a submissão é melhor do que a gordura de carneiros (1Samuel 15:22).*

Entretanto, adiamos a obediência ou a negligenciamos completamente.

Um passo crucial para construir uma forte Ponte da Fé é obedecer prontamente ao Pai para que não retardemos o processo.

OBEDIÊNCIA ATRASADA É IGUAL A DESOBEDIÊNCIA

QUANDO DEUS NOS dá uma instrução, nunca devemos questioná-lo. Quando ele diz: "Desista disso", não devemos racionalizar suas instruções. Como crianças, devemos dizer: "Sim, Senhor."

É isso que espero que meus filhos aprendam a fazer observando minha caminhada: simplesmente obedecer. Sem desculpas ou questionamentos.

> *Confie no Senhor de todo o coração e não se apoie no seu próprio entendimento. Reconheça-o em todos os seus caminhos, e ele endireitará as suas veredas (Provérbios 3:5-6).*

Há um lugar em nossa caminhada com o Senhor onde nossos esforços são postos à prova. É o lugar no qual nossas canções de adoração não são apenas um momento para nos sentirmos bem — pelo contrário, elas se tornam a canção de nosso coração.

O lugar onde nossos esforços são postos à prova é onde minha fé supera meu raciocínio; onde a obediência nem sempre faz sentido e nem sempre será popular; é onde a obediência pode significar a perda de bens, posição e amigos.

O lugar onde nossos esforços são postos à prova é onde, quando Deus diz: "Faça isso", eu me levanto e começo a me mover. É o lugar em que, quando ele diz: "Aquieta-te e saiba…", eu me sento e declaro ao meu coração ansioso que ele é Deus (Salmos 46:10).

O lugar onde nossos esforços são postos à prova é onde minha fé é testada e minhas arestas são aparadas. É o lugar onde fico de joelhos com mais frequência. É onde sinto sua presença mais real do que nunca, onde mais cresço e onde me aproximo dele.

É o lugar exato onde Deus quer que eu esteja.

Que provações você está enfrentando atualmente? Você está tão ocupado, tentando sair da sua provação que perderá as bênçãos que Deus tem para você quando decidir passar por ela segurando a mão dele, passo a passo?

Percebe que Deus pode estar apenas esperando que você aquiete-se e comece a adorá-lo e confiar nele, apesar de suas circunstâncias?

Obedeça-o e observe-o trabalhar.

A obediência é um passo na direção certa!

Um passo na direção da coragem

Eu estava deitada em uma maca no pronto-socorro enquanto um médico e duas enfermeiras me cercavam. A mão do médico pousou sobre meu braço: "Você não está morrendo, Patricia. Não há nada de errado com você. Verificamos tudo." Ainda assim, não importava quantas vezes ele repetisse aquela verdade médica, meu cérebro me dizia algo diferente.

Eu estava morrendo. Simplesmente sabia que estava.

Um ataque de pânico. Outro.

Meu inferno pessoal na Terra.

O medo é o barulho que nos impede de ouvir a voz de Deus

Nunca experimentei essa verdade de maneira mais poderosa do que durante o ano em que me tornei cristã.

Aconteceu há 20 anos, mas posso me lembrar nitidamente de como o medo paralisou meu pensamento e minha vida. O estresse extremo me levou ao limite, e o diabo aproveitou a ocasião.

Ele soprou derrota e morte em meus ouvidos... e eu acreditei!

O medo é real, tanto para os crentes mais fortes quanto para os mais jovens na fé. A diferença é que, à medida que crescemos no conhecimento de Deus e experimentamos sua soberania e seu poder, nos tornamos melhor equipados para vencê-lo.

Era nesse momento de sua caminhada de fé que Josué estava quando Deus o encarregou de tomar posse da Terra Prometida (Josué 1). Temeroso, mas equipado.

Ninguém conseguirá resistir a você todos os dias da sua vida. Como estive com Moisés, assim estarei com você; nunca o deixarei nem o abandonarei (Josué 1:5).

Josué estava com Moisés quando Deus capacitou esse líder de Israel para realizar o impossível. Por várias vezes, ele observou como o Senhor cuidava de seu povo.

Agora os gigantes esperavam do outro lado do Jordão. Eles eram maiores, mais poderosos que Israel.

No entanto, Deus disse: "Não tenha medo. Vá pegá-los! Eu estarei contigo."

Ele só precisava de coragem para obedecer e dar o primeiro passo.

Tarefa assustadora

Josué sabia que tinha de liderar o povo de Deus na batalha contra um inimigo mais forte e mais bem preparado. Sabemos que ele estava com medo! Na verdade, podemos ter um vislumbre do espírito de Josué em relação à tarefa que tinha pela frente pelo fato de Deus ordenar que ele fosse *forte e corajoso* quatro vezes apenas no capítulo 1.

Josué estava com medo. Eu também.

Cada vez que me deparo com gigantes maiores e mais fortes do que eu ou grandes desafios que evocam a derrota, meu coração vacila.

Ter medo é ser humano.

Mas se quisermos chegar à nossa Terra Prometida, se quisermos dar passos de fé, certamente precisamos de coragem. Não podemos nos encolher ao ver um bloqueio na estrada ou um inimigo poderoso.

Ao lermos o primeiro capítulo de Josué, vemos Deus nos desafiando a confiar nele, pois promete a vitória. Nessa passagem, o Senhor da batalha nos ensina o que devemos fazer quando somos desafiados a fazer algo maior do que acreditamos poder realizar; ou quando enfrentamos os gigantes da oposição e das provações.

No texto, Deus realmente nos ensina como vencer o medo e ganhar coragem sobrenatural para construir nossa fé passo a passo:

Passo 1: olhe para o passado para confiar em Deus na realização da tarefa que tem pela frente

Como estive com Moisés, assim estarei com você (Josué 1:5a).

Você pode olhar para trás em sua vida e ver as vezes em que Deus lhe concedeu a vitória contra todas as probabilidades?

A doença que foi curada, o filho pródigo que voltou para casa, o relacionamento rompido que foi consertado...

Josué estivera com Moisés no deserto e observara Deus libertar Israel das mãos do Faraó e providenciar o maná para seu povo.

Ele viu a glória de Deus no rosto de Moisés quando desceu do Monte Sinai com as tábuas da lei.

Ele havia experienciado Deus.

Portanto, extraiu força de sua experiência e crença de que Deus estava indo à frente dele para a batalha. Então, deu o primeiro passo à frente.

De fato, sempre que Deus nos chama para fazer algo maior que nós mesmos, olhar para trás é uma forma de ganhar coragem para dar mais um passo com Deus.

A razão da vitória de Josué foi porque ele olhou para trás para recordar os grandes feitos e a fidelidade de Deus, acreditou na promessa e, portanto, obedeceu.

Ele não foi vitorioso por causa de seus talentos ou de sua capacidade de lutar nas batalhas, mas porque sabia que, assim como no deserto, Deus lutaria por seu povo. De novo.

Passo 2: lembre-se de que você não está sozinho

Nunca o deixarei nem o abandonarei (Josué 1:5b).

Deus não apenas prometeu vitória, mas também que estaria com Josué na batalha.

O mesmo acontece conosco quando enfrentamos os maiores desafios da vida: o Senhor não falhará quando estivermos fracos nem nos abandonará quando nos sentirmos inadequados. Ele nos dá a tarefa e promete nos capacitar para realizá-la.

A aceitação de um encargo dado por Deus abre seu coração, e ele nos enche com sua graça, capacitando-nos, assim, a cumprir o plano para nossa vida.

Se ele disser para você ir, não há dúvida, ele está à sua frente, abrindo portas e preparando o campo de batalha. Por isso, você deve, de fato, IR!

Basta um pouco de coragem para dar o primeiro passo e depois o seguinte.

Passo 3: respire fundo e pule!

Seja forte e corajoso! Não se apavore nem desanime, pois o Senhor, o seu Deus, estará com você por onde você andar (Josué 1:9).

Não é possível contar com facilidade as ocorrências da ordem "Não temas!" da Bíblia. Essas duas palavras não servem apenas para reconfortar o coração; muitas vezes, são um chamado para a batalha e a vitória. Ser um seguidor de Jesus requer força de caráter e coragem para permanecer sozinho em muitas circunstâncias.

No capítulo 11 do livro de Hebreus, em quase todas as vezes que o autor se refere à fé de um de seus santos, ele atribui a grandeza à sua coragem.

Cada gigante da fé teve de derrotar os gigantes do medo e dos sentimentos de inadequação...

Eles precisaram corajosamente dar um gigantesco salto de fé antes que Deus os libertasse, cuidasse, curasse.

De fato, podemos até sucumbir ao medo... e assim viver uma vida medíocre. Ou optar por dizer "sim" ao chamado de Deus para conquistar o impossível... e então ter a oportunidade de, maravilhados, testemunhar o sobrenatural.

Passo 4: renda-se à Palavra de Deus

Tenha o cuidado de obedecer a toda a lei que o meu servo Moisés ordenou a você; não se desvie dela, nem para a direita nem para a esquerda, para que você tenha êxito por onde quer que andar (Josué 1:7).

O mundo pensa que somos loucos quando declaramos que o sucesso é decorrência da submissão e da obediência. Do ponto de vista da sociedade, obediência é sinal de fraqueza. O forte controla, e o fraco é controlado: essa é a ordem do mundo.

Já para Josué, o sucesso só viria se ele fosse controlado por Deus.

O Senhor disse a Josué que, para ter sucesso, ele deveria obedecer a TODAS as instruções de Deus e à sua lei. Não apenas parcialmente, não com algum toque pessoal aqui e ali, mas toda a lei.

Na verdade, Deus estava dando essas instruções porque sabia que haveria momentos em que Josué não VERIA exatamente para onde Deus o estava levando e, portanto, sua lei o guiaria.

Assim é em nossa vida, pois muitas vezes não conseguimos ver para onde os caminhos de Deus estão nos levando. É nesse momento que devemos ler sua Palavra, obedecê-la inteiramente e confiar que "aquele que começou a boa obra em vocês há de completá-la até o dia de Cristo Jesus" (Filipenses 1:6).

Vencer o medo segue a coragem; a coragem segue a obediência; a obediência segue a rendição incondicional.

Essa é a ordem do céu.

O MEDO É O PAI DE TODO FRACASSO

MEDO DO CONFLITO, medo da vergonha, medo da rejeição, medo de que Deus nos deixe sozinhos e nossas orações sem resposta.

O medo exagera os problemas, odeia as tarefas que temos pela frente e adia a obediência. O medo é paralisante e *não* vem de Deus!

Seja qual for o gigante que você está enfrentando hoje, lembre-se das palavras de encorajamento de Javé, conforme Deus repete várias vezes em toda a sua Palavra:

Por isso, não tema, pois estou com você;
não tenha medo, pois sou o seu Deus. Eu o
fortalecerei e o ajudarei; eu o segurarei com a
destra da minha justiça (Isaías 41:10).

Existe um "próximo passo" que Deus quer que você dê? Você o está evitando ferozmente por desobediência ou por medo?

→ Talvez seja compartilhar Jesus com alguém que você conhece.

→ Ou trazer seus dízimos e suas ofertas para a casa de Deus.

→ Talvez você saiba que deve terminar com o namorado ou a namorada que você sabe não ser o melhor de Deus para sua vida.

→ Pode ser que seja simplesmente dar o primeiro passo e dizer "sim" a um chamado, fazer uma viagem missionária, dar aula na Escola Dominical, ou ministrar a alguém necessitado.

Seja qual for o pequeno ou grande passo que Deus lhe disser para dar, mesmo que você se sinta incapaz de realizá-lo, obedeça hoje mesmo! Não espere! Não procrastine. Esqueça as desculpas. A obediência tardia é desobediência e cria uma perigosa estática espiritual em sua vida, impedindo você de ouvir a voz do Pai.

Peça a ele que lhe dê coragem para dar o primeiro passo. Diga: "Sim, Senhor!" Não há mais desculpas.

Em seguida, levante-se e mexa-se! Você não tem tempo a perder.

Siga em frente... um passo de cada vez.

Obedeça.

Seja confiante!

E, ao entrar no território dos gigantes, lembre-se:

Se Deus é por você, com você e em você, quem ou o que pode ser contra? (Romanos 8:31).

UMA PALAVRA DE CAUTELA PARA OS APRESSADOS

ALGUNS PODEM SER muito lentos para se movimentar, mas certos seguidores de Jesus mais ansiosos podem se afobar para dar o próximo passo.

Entendo bem esse grupo. Faço parte dele. Não tenho nenhum problema em entrar e aceitar um desafio que Deus apresenta. Meu problema é o outro lado do espectro. Talvez você se identifique com isso.

Paciência é uma virtude que não possuo naturalmente. Somente com a ajuda do Espírito Santo posso esperar em Deus. Tendo uma personalidade assim, é difícil para mim ficar à margem, sem mover um dedo. Minha tendência é dizer: "Sim, deixe comigo!", e me ocupar fazendo as coisas acontecerem, em vez de esperar que Deus me mostre como proceder. Assim como alguns de vocês, eu quero, e quero *agora*.

Em certos casos, essa característica pode ser muito valiosa. Pessoas de temperamento sanguíneo geralmente são as empreendedoras do mundo. Elas são turbulentas, borbulhantes, tagarelas, abertamente emocionais, voluntariosas. Gente como o apóstolo Pedro, por exemplo. Pessoas assim mudam a história e impactam o mundo com suas ideias, sua ousadia e, muitas vezes, sua voluntariedade.

No entanto, por mais virtudes que as pessoas com esse tipo de personalidade possuam, sua força também pode ser sua maior fraqueza.

Invariavelmente, por causa de sua necessidade (sincera) de realizar e terminar o que começam, elas têm dificuldade de esperar.

Principalmente, esperar em Deus.

Para o cristão, o problema com esse conceito é que os caminhos de Deus não são os nossos caminhos.

Pensamentos dele? Muito mais alto que os nossos (Isaías 55:8).

Ele não opera no âmbito natural das coisas. Sua definição de sucesso certamente não corresponde à visão de sucesso do mundo e, portanto, Deus (geralmente) age em um ritmo muito mais lento, pelo menos para nossos padrões. Às vezes, ele parece dolorosamente lento porque sua preocupação não é fazer as coisas no nosso tempo. Ele também não é aquele gênio da lâmpada cuja missão é realizar nossos desejos. Em vez disso, Deus tem um plano definido para nossa vida.

Tudo soa bem e faz sentido, mas exatamente como devo saber quando seguir em frente?

Acredito que a melhor pergunta para o espírito ansioso é esta: exatamente como posso saber quando *não devo* me mover?

A tua palavra é lâmpada para os meus pés e luz para o meu caminho (Salmos 119:105).

O cansado viajante caminhou cuidadosamente na estrada poeirenta. Era uma noite escura e sem estrelas. Ele olhou ao redor e foi saudado com sons de criaturas que não podia ver. Em uma das mãos, carregava um saco contendo uma magra refeição e algumas moedas que esperava gastar alugando um quarto em uma cidade próxima. Na outra mão, levava uma lâmpada. O viajante ergueu-a bem acima de sua cabeça na esperança de iluminar o ambiente. Então abaixou a mão, consternado. A lâmpada em sua mão lançava luz suficiente apenas para iluminar uma pequena parte do caminho à sua frente. Apenas o suficiente para ver onde seu próximo passo alcançaria.

Essa ilustração descreve o tipo de lâmpada que o salmista usou para descrever o que precisamos para seguir a Deus.

Nos tempos do Antigo Testamento, os viajantes carregavam uma pequena lamparina a óleo, uma luz fraca apenas o suficiente para iluminar os passos à frente do viajante.

Da mesma forma, a Palavra de Deus é a luz que não apenas afasta as trevas do pecado e da desesperança; também nos direciona para o caminho a seguir.

Não que eu deixe de acreditar que Deus ainda dá a seus filhos visões proféticas sobre seu plano para a vida deles. Certamente acredito que ele ainda o faz. No entanto, quando se trata de obedecer a sua voz e realizar seu plano, na maioria das vezes, ele apenas dá instruções suficientes para um passo de cada vez.

Se damos um passo obediente e esperamos por mais instruções ou se escolhemos correr para o futuro, desconsiderando sua voz, é uma questão de *confiança*.

No fim das contas, a pergunta que todos precisamos fazer a nós mesmos é: será que eu *realmente* confio meu futuro ao meu Criador?

Ou será que no fundo penso que preciso agir, e agir imediatamente, caso contrário perderei minha oportunidade?

Confio o suficiente para conter todos os meus instintos naturais e minha personalidade, submetendo-me à sua voz antes de dar o próximo passo? Ou deixo a pequena lamparina a óleo para trás, correndo para a escuridão com a ânsia dos ímpios?

Se acreditamos que a Palavra do Senhor é uma lâmpada, então devemos obedecer a seus princípios, caso desejemos viver vitoriosamente.

Se acreditamos que a Palavra do Senhor é luz, então devemos ouvir seu Espírito e obedecê-lo inquestionavelmente, esperando por suas instruções antes de seguir em frente.

E, quando nos sentimos apressados para tomar uma decisão, devemos parar. A única resposta imediata correta é:

"Vou orar pedindo orientação."

A pessoa, o projeto e o trabalho devem esperar. Está tudo bem; Deus honrará sua dependência dele. Ele promete paz àqueles que o buscam sinceramente. A *paz que excede todo entendimento* é a resposta que você precisa (Filipenses 4:7). Assim como aquela lâmpada, a paz do Pai guiará você rumo ao próximo passo. Um passo de cada vez.

Se você entrega seus caminhos ao Senhor e confia nele, não precisa se preocupar. A promessa é que o próprio Javé — aquele que trouxe as estrelas à existência somente com suas palavras — agirá a seu favor (Provérbios 3:5-6; Salmos 37:5; Lamentações 3:25; Salmos 130:5-6).

Você só deve completar um passo de obediência por vez, e então parar. Olhe para cima e espere que a luz do Senhor ilumine o próximo passo que você dará, dizendo o que fazer a seguir.

Ou melhor ainda: ele pode simplesmente fazer isso por você.

Mas sinto que não estou indo a lugar nenhum!

Ele disse: — Lancem a rede do lado direito do barco e vocês encontrarão. Assim fizeram, mas não conseguiam recolher a rede por causa da quantidade de peixes (João 21:6).

Eles tinham visto o Salvador ressuscitado. A empolgação e a fé renovada os animaram para seguir o caminho que tinham pela frente. Mesmo assim, Simão Pedro, Tomé e os filhos de Zebedeu voltaram a desanimar.

Eles pescaram a noite toda. Com o passar das horas, cada um deles ficou cansado e desanimado. Eles tinham contas a pagar e bocas para alimentar. No entanto, nem um único peixe foi capturado em sua grande rede. Ao amanhecer, um Estranho gritou da margem: "Pessoal, vocês pegaram algum peixe?" O coração deles se entristeceu quando admitiram sua viagem malsucedida. "Lancem a rede do outro lado", disse o desconhecido. Quando João percebeu que era o Senhor quem havia falado, a emoção cresceu no coração deles como peixes inundando sua rede.

Você já notou que, quando Jesus disse a seus discípulos desanimados para lançar suas redes novamente, era exatamente no mesmo lugar onde eles não haviam pescado nada a noite toda?

O mesmo parece acontecer conosco quando nos encontramos por muito tempo no mesmo lugar estéril. Damos um passo por obediência e esperamos. No entanto, nada parece nos encorajar a permanecer naquele mesmo lugar vazio.

Pode ser uma doença que não vai embora ou um relacionamento que se deteriora. Pode ser um desemprego de longa duração ou uma ferida emocional que não cicatriza. Oramos, esperamos, oramos, esperamos... e nada parece mudar.

Se pudéssemos sair para um lugar totalmente novo quando ficássemos desanimados, lançar nossas redes novamente seria uma tarefa mais fácil. Se fosse possível ser uma pessoa diferente, ir a algum lugar novo ou fazer outra coisa, talvez não fosse tão complicado ter uma fé renovada e um novo ânimo.

Mas é a mesma velha rede que não pescou nada a noite inteira, e no mesmo mar vazio. Velhas tentações clamam para serem vencidas. Antigos relacionamentos pedem para serem curados. Velhas provações e vales que enfrentamos ontem e anteontem nos desafiam para serem enfrentados hoje. De novo... e de novo.

Quando Jesus encontrou os discípulos fracassando em sua longa viagem de pesca noturna, poderia ter dito a eles que pegassem suas redes e o seguissem para uma nova e abundante área do mar.

Mas ele não o fez. Em vez disso, orientou para que perseguissem o sucesso exatamente onde estavam. Eles poderiam ter discutido com o Salvador. Afinal, eram pescadores profissionais. Conheciam o mar como ninguém. Eles podem ter sido tentados a dizer: "Jesus, o senhor não entende... sabemos o que estamos fazendo aqui."

Em vez disso, pegaram suas redes e as lançaram pelo outro lado como Jesus mandou.

E então, enquanto suas mãos cansadas obedeciam ao Mestre, a recompensa chegou!

Você se sente desanimado porque cada passo de obediência parece não levar a lugar nenhum?

É o mesmo barco, o mesmo local, a mesma técnica de pesca, repetidamente por meses, talvez anos?

Lembre-se: se você está no centro da vontade de Deus, caminhando em obediência a ele, está exatamente onde o Senhor quer que esteja. As circunstâncias em que se encontra podem ser desconfortáveis, e você pode estar pronto para ir a um local de pesca melhor. No entanto, a menos que o Mestre o chame para sair de onde você está, permaneça!

Ele está operando um fruto eterno em sua vida. Ele está moldando você enquanto lança sua rede repetidas vezes. Ele está fortalecendo sua vida quando você escolhe confiar nele, mesmo que esteja cansado e esgotado.

No processo de esperar por sua libertação e sua provisão, continue procurando pelo Estranho na praia. Permita que as mãos gentis de Jesus lixem as arestas que precisam de polimento. Continue lendo o Manual de Instruções que ele forneceu — a abençoada Palavra de Deus. Continue clamando a ele por libertação e paz. E, por favor, não seja tímido! Diga ao Pai exatamente como você se sente neste lugar estéril e solitário.

Ele está ouvindo.

E, quando se sentir cansado demais para continuar, lembre-se disto: é o próprio Mestre que, depois de seus fracassos cansativos e desanimadores, continua dizendo:

"Tente novamente!"

Um passo de cada vez. "Roma não foi construída em um dia", como diz o famoso ditado. Sua Ponte da Fé também não será construída da noite para o dia.

Devemos nos lembrar de que, sem provações, paciência e perseverança, o sucesso não é merecido. As Cinderelas perdem os sapatos à meia-noite e voltam para casa em farrapos e descalças. E, por mais ansiosa que às vezes eu fique para alcançar meus objetivos e ver meus sonhos se tornarem realidade, sei que um dia serei recompensada por aprender minhas lições ao longo do caminho para construir um castelo sólido, uma pedra de cada vez.

Deus ainda está trabalhando. Faça o que fizer, nunca desista. Lembre-se daqueles que, com fé, perseverança e paciência, receberam o cumprimento de seus sonhos. Muitas são as testemunhas que são prova fiel de que Deus ajuda os que esperam pacientemente e trabalham diligentemente para alcançar seus objetivos.

Um passo de cada vez.

Capítulo 9

O poder da Palavra de Deus

*Todos nós temos nossas convicções
formadas por coisas diferentes,
e as minhas são definidas pela minha
fé, pela Palavra de Deus,
e descobri que isso é uma âncora, uma
bússola e um guia para mim.*
Kirk Cameron,
ator, apresentador de TV e evangelista

O GPS FICAVA MUDANDO NOSSO HORÁRIO DE CHEGADA. QUANDO PERDEMOS a curva, o aparelho ajustou sua direção e chegamos ao destino cerca de dez minutos depois do esperado. Meu marido não ficou muito feliz com o novo sistema de localização. A área era desconhecida. Rostos hostis nos encaravam. Estávamos definitivamente na parte errada da cidade. Mas eu não estava com medo. Eu sabia que logo estaríamos fora dali.

Minha esperança estava no fato de que o GPS sabia para onde precisávamos ir. Demoraria um pouco mais do que pensávamos, mas chegaríamos lá. Não estávamos perdidos.

Certamente sou grata por esses sistemas de localização modernos. Quando me mudei para os Estados Unidos, lembro como foi difícil me adaptar a um novo sistema viário. Lembro-me da tensão crescendo dentro de mim sempre que estava sozinha, tentando chegar a algum lugar novo.

Então, o maravilhoso sistema de GPS surgiu. Eu não estava mais com medo. Eu tinha um guia comigo sabendo exatamente para onde eu queria ir, alertando-me a cada vez que fazia a curva errada e corrigindo meus erros, mantendo-me no curso.

O sistema de GPS e a Bíblia têm muito em comum.

Um sistema de GPS é um mapa interativo que se encarrega de examinar a área e nos informar exatamente por onde seguir para chegar a um determinado destino.

Se Deus é o Arquiteto de nossa Ponte da Fé, a Bíblia é o guia, o mapa.

Devemos consultá-la se quisermos construir uma Ponte de Fé sólida. Ignorar esse roteiro é o mesmo que ignorar o Arquiteto. Ele derramou sua alma, sua orientação, sua sabedoria e seu conhecimento para elaborar o roteiro que devemos estudar.

Esse mapa é uma tradução impressa do amor, da sabedoria e da graça de Deus. Ele tem respostas para todas as perguntas da vida, guiando-nos quando estamos perdidos e nos confortando quando sentimos que a vida não nos leva a lugar nenhum. Ele nos aponta a direção certa, não importando quantas curvas erradas venhamos a fazer.

Devemos estudá-lo, conhecê-lo e apreciá-lo.

Mas a Bíblia não é apenas um roteiro para a vida. É também uma arma poderosa para derrotar inimigos fortes e fortalezas que têm o potencial de quebrar nossa Ponte de Fé.

Uma arma de defesa

Usem o capacete da salvação e a espada do Espírito, que é a palavra de Deus (Efésios 6:17).

O INIMIGO VIA essa espada de longe e estremecia.

Os soldados romanos podiam escolher entre cerca de cinco armas diferentes de guerra, principalmente as espadas. Dentre as que podiam usar em batalha, a *Makhaira* (Grego, μάχαιρα) era certamente a mais mortal. Herdada do exército grego, podia ter até quase meio metro, mas geralmente era mais curta, lembrando uma adaga. Por suas características, era em geral usada em combate corpo a corpo, afiadíssima em ambos os lados da lâmina e com sua extremidade voltada para cima, fazendo com que a ponta fosse extremamente letal.

Após esfaquear seu inimigo, antes de retirar a lâmina, o soldado agarrava a espada com força e a torcia, arrancando as entranhas do homem à medida que o instrumento era retirado.

Não é uma visão agradável, eu sei.

Feroz. Implacável. Mortal. Assim era considerada a *Makhaira* por seus inimigos.

Quando o apóstolo Paulo se referiu à Palavra de Deus, descrevendo a armadura divina (Efésios 6), esse tipo de espada foi o exemplo que lhe veio à mente. A palavra grega *Makhaira*, descrevendo essa poderosa espada, é mencionada várias vezes no texto original do Novo Testamento, sempre referindo-se à Palavra de Deus e representando o julgamento que traz ao inimigo (Efésios 6:17; Hebreus 4:12; Apocalipse 1:16; 2:12), bem como um instrumento da ira do Senhor (Apocalipse 2:16; 19:15).

Resolvi dar uma olhada em minha casa para descobrir quantas *Makhairas* temos e contei nove versões impressas da Bíblia. Também temos um software de estudo da Bíblia que inclui todas as traduções atuais da Palavra de Deus, com vários comentários e dicionários (carregados em três computadores e um tablet), bem como o *software* You Version, que está baixado nos *smartphones* de toda minha família. Pelo que entendo, e segundo o apóstolo Paulo, os Holbrook estão muito bem armados e são perigosos para o inimigo!

Será que realmente compreendemos isso?

Em Efésios 6:10, o Espírito Santo nos lembra de nosso verdadeiro inimigo. Não é a nossa saúde, a covid-19, os grupos terroristas, a economia, os países comunistas ou os políticos corruptos. Por mais obscuras que essas forças possam ser, elas não passam de instrumentos usados por uma força muito superior: Satanás e seu exército.

> *...pois a nossa luta não é contra sangue e carne, mas contra os poderes e as autoridades, contra os dominadores deste mundo de trevas e contra as forças espirituais do mal nas regiões celestiais (Efésios 6:12).*

Acho que temos uma tendência a esquecer isso.

Se você é um cristão nascido de novo, cheio do Espírito e destinado ao Céu, você está em guerra. E, embora nossa vitória final tenha sido conquistada por Cristo na cruz, estamos envolvidos em batalhas pela conquista de nosso coração, de nossa mente e de nossa alma o tempo todo. Os dias do diabo estão contados, e parece que, com o passar do tempo, os cristãos têm sido cada vez mais atacados por esse príncipe das trevas.

Embora isso sempre tenha acontecido, fico com a impressão de que aumentou significativamente nos últimos tempos. Satanás está minando nossos esforços, enfraquecendo nossa fé, destruindo nossas famílias e roubando a mente de nossos filhos.

Além disso, existem ainda pesadas batalhas espirituais que assolam o mundo, como o crescimento do relativismo moral e os ataques contra judeus e cristãos que aumentam a cada dia.

Portanto, se nossa Bíblia permanecer fechada sobre a mesa durante o dia todo, nos tornamos tão vulneráveis quanto um soldado desarmado. Somos presa fácil do inimigo.

E, quando Lúcifer nos encontra vulneráveis e indefesos, perdemos a visão. Perdemos a fé. E nossa Ponte da Fé começa a desmoronar.

Uma arma para derrotar a transigência

Destruímos argumentos e toda altivez que se levanta contra o conhecimento de Deus e levamos cativo todo pensamento para torná-lo obediente a Cristo (2Coríntios 10:5).

Imagine que o projeto que orienta você na construção da Ponte da Fé exija um tipo especial de concreto. E que, para agilizar o processo, você decida usar um produto inferior, quase a mesma coisa, mas não exatamente o que foi encomendado pelo Arquiteto.

Ou então, no processo de mistura do concreto, imagine que você deixa um componente importante de fora. Ou adicione algo que não deveria estar na mistura.

Sua decisão de mudar um pouco a receita resultará em um produto mais fraco. Não vai durar. Não vai resistir ao teste do tempo. Não vai aguentar tanto peso.

Chamamos isso de transigência. É um inimigo traiçoeiro que permeou a Igreja de Corinto nos dias de Paulo, quando ele escreveu o capítulo 10 de 2Coríntios.

A localização de Corinto tornou a cidade um ponto crucial para as culturas do Oriente e do Ocidente nos dias de Paulo. Localizada entre o Golfo de Corinto (Mar Adriático) e o Golfo Sarônico (Mar Egeu), Corinto tornou-se um importante centro comercial e militar para o Império Romano. Foi também um importante centro cultural do mundo greco-romano, hospedando os Jogos Ístmicos bienais, que começaram em 581 a.C. no Templo de Poseidon. Então, em 146 a.C., após uma revolta contra Roma, Corinto foi destruída e, mais tarde, reconstruída para se tornar uma colônia romana onde os soldados se retiraram.

Durante o reinado grego em Corinto, o templo de Afrodite ergueu-se imperialmente a quase 600 metros acima da planície. Antes de ser destruído por um terremoto que assolou a cidade cerca de 150 anos antes da chegada de Paulo, mais de mil prostitutas faziam parte dos cultos diários de fertilidade naquele templo.

Um lugar cheio de escuridão espiritual

Uma mistura de duas culturas ímpias envolveu a cidade onde uma das primeiras igrejas gentias começou. No centro de tudo, uma das maiores sinagogas fora de Jerusalém hospedava grande número de judeus, muitos deles novos crentes.

De todas as cidades onde Paulo criou as primeiras igrejas no Império Romano, Corinto foi o lugar no qual ele encontrou a oposição mais forte. A igreja de Corinto era facciosa, orgulhosa e rebelde, altamente influenciada pelos falsos mestres judeus e pela sensualidade que cercava a cidade pagã.

Era uma sociedade rica e ímpia.

Os cristãos lutavam para permanecer fiéis à Palavra de Deus ao mesmo tempo em que viviam em meio a grande escuridão espiritual.

Os líderes estavam transigindo as doutrinas de Cristo para adequá-las à sua luxúria e orgulho.

Essa imagem parece familiar?

Embora Corinto não seja mais a cidade proeminente do passado, seu *espírito* está vivo até hoje. Infelizmente, assim como no antigo império, de forma contínua derrama suas mentiras sobre a Igreja moderna.

De fato, muitos professores da Bíblia e pregadores hoje em dia estão comprometendo a verdade da Palavra de Deus, seja omitindo doutrinas importantes de seu ensino, seja enfatizando princípios de autoajuda no lugar da verdade de Deus.

Fico triste ao perceber que inúmeros cristãos os seguem, aceitando cegamente suas meias-verdades e concessões. Pior ainda, a transigência e a teologia de bem-estar a qualquer custo estão levando muitos "buscadores da verdade" direto para o inferno.

Seus ensinamentos acalmam as feridas, mas não curam; agradam as multidões, mas não ao Pai.

É uma teologia perigosa e está se espalhando como fogo. Como diz gálatas 5:9,

Um pouco de fermento faz fermentar toda a massa.

Comprometer a Palavra de Deus é uma das piores ameaças para um cristão. Uma vez que começamos a interpretá-la para encaixar pontos de vista pessoais, damos espaço a Satanás para distorcer toda a verdade do Evangelho. Podemos facilmente ver isso acontecendo quando certos professores ou pregadores começam distorcendo aos poucos a verdade até acabar desconsiderando completamente doutrinas críticas, como a salvação somente pela fé em Cristo.

Várias igrejas omitem essa doutrina de seus púlpitos. O sangue de Jesus está desaparecendo de muitas canções de louvor e sermões.

Um pouquinho de fermento... um resultado destruidor.

A Igreja em Corinto estava enfrentando o mesmo perigo. Assim, Paulo, em sua maneira franca e profética de falar a verdade, lembrou-lhes de quem está por trás de cada transigência e como combatê-la:

> *Pois, embora vivamos como homens, não lutamos segundo os padrões humanos. As armas com as quais lutamos não são deste mundo, mas poderosas em Deus para destruir fortalezas. Destruímos argumentos e toda altivez que se levanta contra o conhecimento de Deus e levamos cativo todo pensamento para torná-lo obediente a Cristo (2Coríntios 10:3-5).*

A primeira percepção é de que a guerra contra a Igreja é espiritual. Satanás declarou guerra contra a humanidade no Jardim do Éden e ali prometeu impedir o plano de redenção. Ele falhou, pois Jesus cumpriu o plano de Deus na cruz. Desde então, a mensagem da salvação redimiu as pessoas ao longo dos séculos. Satanás não pode impedir o crescimento do Reino, e isso o enfurece.

Se Satanás não pode derrotar a mensagem da cruz, ele a distorce.

Se ele não pode nos impedir de proclamar o Evangelho, ele nos induz a proclamar apenas a verdade suficiente para aliviar a fome dos homens por Deus, misturada com um monte de mentiras para impedi-los de realmente receber a salvação. Ou, para o crente, ele alimentará apenas com mentiras suficientes para impedi-lo de receber o melhor de Deus.

A segunda percepção é que possuímos a arma para lutar contra suas mentiras: a *Makhaira* — a qual "pode destruir argumentos e toda altivez que se levanta contra o conhecimento de Deus".

Essa arma é a Palavra de Deus.

Devemos lê-la. Estudá-la. Digeri-la.

Devemos levar tudo que ouvimos para a luz que brilha a partir dela. Devemos passar cada pensamento e ação por seu crivo.

Essa ideia contradiz ou confirma as Escrituras? Aquela crença glorifica a Deus ou aos homens?

UMA ÂNCORA PARA A ALMA EM MARES TEMPESTUOSOS

ENQUANTO ELE PUXAVA uma cadeira para se sentar ao meu lado, sua voz sombria refletia as emoções claramente vistas em seu rosto. Ele recebera uma resposta para algo que esperávamos há muito tempo. Algo que afetou os planos e sonhos de nossa família. Algo pelo qual ele e eu estávamos orando e esperando pacientemente. Uma promessa não foi cumprida. Eu vi a decepção em seus lindos olhos.

Desanimado, ele derramou palavras que eu mesma já ouvira muitas vezes antes. "Eu sei que Deus tem um propósito para isso. Só estou chateado agora."

Em oração, pedi sabedoria a Deus. A sabedoria dele, não a minha. O Senhor sussurrou: "Olhe para baixo."

Ao baixar os olhos, *li* a voz de Deus, sublinhada e destacada na minha Bíblia aberta sobre a mesa. "Como os céus são mais altos do que a terra, assim os meus caminhos são mais altos do que os seus caminhos, e os meus pensamentos, mais altos do que os seus pensamentos" (Isaías 55:8).

Eu não deveria ter me surpreendido com o que meu marido me contou naquele momento, pois Deus havia me dado aquela passagem em Isaías naquela mesma semana enquanto estudava a Bíblia.

Quantas vezes você murmurou baixinho: "Não entendo, Senhor?"

Quantas vezes você se deitou à noite, pensando: "O que estou fazendo de errado? Por que eu, meu Deus?" Se você está vivo e respirando, sei que já fez essas perguntas antes. Você pode ter feito isso ainda hoje.

Gostaria de compartilhar um conceito interessante que Deus colocou em meu coração. É um pouco engraçado, mas é verdade: quando tentamos resolver o problema com as próprias mãos, em vez de pedir ajuda a Deus, ele nos vê como gafanhotos.

Isso mesmo: gafanhotos! Não fui eu quem disse isso; foi o Senhor. Eu geralmente visualizo o que leio, por isso, por favor, tenha paciência comigo enquanto explico.

Em Isaías 40, uma das minhas passagens favoritas da Bíblia (e inspiração para o nome do meu ministério), o profeta nos dá uma visão do coração rebelde e duvidoso de Israel. Nessa bela passagem profética, Deus promete vitória a Sião.

O mensageiro de Deus vê além da superfície de nossa fé e nas profundezas de nosso coração.

Nós frequentemente duvidamos. Simplesmente questionamos a sabedoria, o poder, a força e o amor infalível de nosso Deus.

Eu questiono. Você questiona.

Vemos nossos sonhos desmoronando aos nossos pés e desanimamos.

Alguém nos prejudica e rapidamente desejamos resolver o problema com as próprias mãos.

Recebemos más notícias e nos desesperamos.

O tempo todo, Deus está sentado "no seu trono, acima da cúpula da terra", vendo-nos lá embaixo, pulando de um lado para outro.

Como *gafanhotos* (versículo 22).

Enquanto isso, ele "estende os céus como um forro", "reduz a nada os juízes deste mundo" (versículo 23), "põe em marcha cada estrela do seu exército celestial e a todas chama pelo nome" sem deixar de incluir uma sequer das 10 sextilhões existentes segundo a ciência. (Não, eu não inventei esse número!)

Nosso cérebro sabe disso, mas nosso coração não! Quando a vida acontece, em vez de ancorar nosso coração na verdade de Deus, continuamos pulando de um lado para outro. Como gafanhotos...

Se quisermos construir uma forte Ponte de Fé, devemos permitir que a Bíblia seja não só uma arma de defesa ou a arma para derrotar a transigência, mas também devemos permitir que ela se torne uma âncora para nos segurar quando nossa vida for abalada.

Precisamos permitir que isso nos ajude a lembrar que o amor de Deus não muda. Quando a vida nos agita, devemos nos perguntar: realmente compreendemos o amor de Deus? Entendemos, de fato, que "todas as coisas contribuem juntamente para o bem de todos aqueles que amam a Deus"? (Romanos 8:28).

Podemos ver Deus, sentado acima de tudo, observando além do nosso presente e do futuro — o que foi, o que é e o que está por vir? Podemos ver o grande Maestro regendo a magnífica orquestra de nossa vida composta de instrumentos de todos os tipos, alguns carregando uma bela melodia, outros fazendo batidas irritantes e altas, todos desconectados quando tocados separadamente, todavia produzindo uma melodia divina quando ele os rege?

Compreendemos o amor e a graça de Deus derramados em cada página de sua Palavra?

Amor perfeito, demonstrado em seus braços esticados, manchados de sangue no madeiro? Ouso dizer: muitas vezes, não.

Creio que o nosso coração não assimila esse amor de forma a não permitir que circunstâncias difíceis afetem a nossa fé.

É por isso que devemos construir uma Ponte de Fé bem forte para que, quando nosso coração nos disser que não há esperança, respondamos com a nossa mente — com aquilo que conhecemos a respeito de nosso Deus através de sua Palavra e lembrando o testemunho da sua fidelidade em nossas vidas.

Acredito que essa seja, de fato, uma das lições mais importantes a serem aprendidas pelos filhos de Deus para que possam chegar a um estágio da fé em que as circunstâncias não consigam alterar a forma como enxergam Deus, seu amor e sua graça.

Ele não muda. Nós é que mudamos, assim como nossas circunstâncias.

A reação de toda a humanidade é a mesma. Quando nos machucamos, choramos. Quando sentimos medo, duvidamos. São respostas naturais, mas não necessariamente definitivas.

Devemos demonstrar disposição para amadurecer e ir além de nossa resposta natural às circunstâncias e sondar o coração de Deus para encontrar sua paz. Devemos estar ancorados em sua verdade para não errarmos a curva e nos perdermos.

A Palavra de Deus é tão
boa quanto ele

Como a chuva e a neve descem dos céus e não voltam para eles sem regar a terra e a fazer brotar e florescer, para que ela produza semente para o semeador e pão para o que come, assim ocorre com a palavra que sai da minha boca: ela não voltará para mim vazia, mas fará o que desejo e atingirá o propósito para o qual a enviei (Isaías 55:10-11).

O SER HUMANO é sempre rápido em prometer e lento em cumprir.

Todos nós recebemos promessas de coisas que nunca se realizam, desde o "sim" que termina em divórcio até promoções de emprego que nunca acontecem.

Com frequência, estamos tão envolvidos com o tipo natural de pensamento e ação das pessoas que nos esquecemos de que, embora sejam criadas à imagem de Deus, não podemos comparar a fidelidade delas com a do Senhor em cumprir o que promete a nós.

CÓPIAS IMPERFEITAS DA IMAGEM DE DEUS

NA VERDADE, SOMOS apenas cópias frágeis do Senhor. Sua Palavra (e, portanto, suas promessas) não falha. Se nos apegarmos à sua verdade e obedecermos a seus princípios, sua Palavra cumprirá sua perfeita vontade para nossa vida.

Mas há um porém — apenas um pré-requisito que precisa ser cumprido: não sair do centro da vontade de Deus.

> *Sabemos que todas as coisas contribuem juntamente para o bem de todos aqueles que amam a Deus, dos que foram chamados de acordo com o seu propósito (Romanos 8:28).*

O único "se" em Romanos 8:28 e outras Escrituras que nos dão segurança da fidelidade inabalável de Deus é "se" o amamos e seguimos seus preceitos e direções ou não.

Se você é capaz de avaliar sua vida com honestidade e sinceridade, e se sente seguro em dizer que é seguidor de Jesus, não apenas seu filho, então pode ter certeza de que ele está trabalhando a seu favor, mesmo que seu mundo esteja aparentemente caindo aos pedaços.

No entanto, se estiver vivendo em rebelião deliberada, não poderá reivindicar honestamente o que está escrito em Romanos 8:28.

Se for esse o seu caso, então você precisa mesmo pular de um lado para outro como um gafanhoto e se preocupar, pois Deus não pode habitar na treva com você e não pode direcionar sua vida, a menos você ande em seus caminhos.

Enquanto Deus se assenta acima da cúpula da Terra e olha para sua vida, ele não pode lhe mostrar o próximo passo para um caminho perfeito se não dispuser de toda a sua atenção.

Paz em meio à tempestade

Que possamos chegar a um ponto em nossa jornada com Cristo no qual estejamos tão enamorados de sua graça, tão sintonizados com seu plano, que nossos "pulos" não durem muito quando as provações chegarem.

Em vez disso, estaremos ancorados em sua verdade, prontos para usar nossa *Makhaira* contra o inimigo, e derrotar qualquer transigência.

Pratique, pratique, pratique!

Ouvimos essa palavra repetida por todos os treinadores, professores de música, mães e pais em todos os lugares. Não se pode dominar nada sem muita prática.

O mesmo é verdade em relação ao manuseio dessa poderosa arma que possuímos. Devemos lê-la todos os dias; devemos citá-la quando nos sentimos oprimidos. Devemos ensinar sua verdade a nossos filhos e incentivá-los a registrar os momentos em que a Palavra fala diretamente a seu coração.

A única maneira de conseguirmos sucesso com a nossa poderosa arma de guerra, de usar a âncora para nos manter firmes no mar revolto, é estudá-la, conhecê-la de cor e aplicá-la em nossa vida.

O próprio Jesus nos mostrou como lutar contra o inimigo quando foi tentado por Satanás no deserto. Por três vezes o diabo tentou nosso Senhor. Por três vezes Jesus usou a *Makhaira* contra o inimigo. Citando passagens encontradas em Deuteronômio e no livro de Salmos, Jesus fez o diabo sair correndo com o poder da Palavra de Deus (Mateus 4:7-11).

Irresistível

Definição: "cuja força ou sedução não há como resistir"; "que não se pode suster ou dominar; irreprimível".[15] Essa palavra também pode ser definida como "muito poderoso ou convincente". *Sinônimos*: imperioso, invencível, avassalador. Convincente significa "irreprimível".

Para o mundo, a Palavra de Deus pode ser temporariamente resistível — temporariamente porque sabemos que, um dia, todo joelho se dobrará e toda língua confessará que Jesus é o Senhor (Filipenses 2:10).

---

[15] *Dicionário Houaiss da língua portuguesa* (versão on-line), *in: https://houaiss.uol.com.br/corporativo/apps/uol_www/v6-2/html/index.php#9*.

Para as forças das trevas, porém, a Palavra do Senhor sempre foi e para sempre será irresistível, avassaladora.

Um cristão que conhece sua Bíblia e a usa todos os dias é perigoso para Satanás; vêm daí seus ataques ferozes! Mas, se manusearmos a Bíblia como Deus deseja, com autoridade e poder, podemos repreender os ataques de Satanás e descansar à sombra da proteção do Todo-Poderoso (Salmos 91).

Como um soldado romano nunca entraria em batalha sem sua espada, decidi há muito tempo que manusearia minha *Makhaira* todos os dias, aprendendo como usá-la para encontrar a vitória em cada provação e batalha.

Também ouço música de louvor diariamente, e especialmente durante meus dias mais sombrios, enchendo o ar com a verdade de Deus.

Quanto mais eu leio, estudo e aplico a verdade da Bíblia à minha vida, mais mortal ela se torna para as trevas que enfrento.

É o meu bem mais precioso. Minha arma. Minha proteção. Meu mapa. Meu GPS.

Sem isso, nós nos perdemos. Nosso inimigo nos alcança. Nossa Ponte da Fé se torna fraca e quebradiça.

Âncora em notas adesivas

Há muitos anos, desenvolvi o hábito de escrever versículos da Bíblia em cartões pequenos que espalho por toda a minha casa.

Há versículos na geladeira, na porta da despensa, na janela da pia da cozinha, onde lavo a louça, no espelho onde me arrumo todas as manhãs e nas telas do meu computador.

Eu os chamo de âncoras porque é exatamente isso que eles se tornaram: âncoras para o meu coração quando preciso dizer a ele como deve se sentir.

Assim como são para os navios em meio a fortes tempestades, essas âncoras se tornaram salva-vidas para mim.

Elas podem fazer o mesmo com você.

Os céus estão ficando mais escuros

Satanás está pressionando fortemente em sua última tentativa de condenar o mundo à morte eterna, tornando a Igreja de Cristo impotente e ineficaz.

Tudo ao nosso redor está mudando, e como sal da terra e luz do mundo, não podemos permitir que ele *nos* mude!

Portanto, se quisermos ser vitoriosos na busca por uma fé forte, devemos pegar nossa arma de guerra e manuseá-la diariamente. Antes de ouvir a mim ou aos evangelistas mais eloquentes por aí, ouça a Palavra.

Ouça o *ho Logos*, ou seja, a Palavra que se fez carne para redimir você. A Palavra que está viva e falando com você com o mesmo poder de mais de 2 mil anos atrás, quando os coríntios abriram a segunda carta de seu amado líder.

Sim, ouça a Palavra.

A batalha por sua mente e pelas almas perdidas é feroz, e você deve levar cativo todo pensamento para vencê-la (2Coríntios 10:5).

Capítulo 10

O PODER DAS SUAS PALAVRAS

Com a língua bendizemos ao Senhor e Pai e com ela amaldiçoamos os homens, feitos à semelhança de Deus. Da mesma boca procedem bênção e maldição. Meus irmãos, isso não está certo! (Tiago 3:9-10).

Estava folheando distraidamente uma revista na sala de espera de um médico quando um alerta de notícias nacionais apareceu na tela da TV. Um incêndio começou em um armazém perto da minha cidade. O vídeo mostrava as chamas devorando rapidamente tudo em seu caminho. O programa parou para os comerciais e, quando voltou, pude ver que as chamas haviam se espalhado rapidamente e pareciam estar destruindo uma fortuna no estoque do depósito. Fumaça negra cobriu o lindo céu de verão. As mangueiras do Corpo de Bombeiros foram obviamente vencidas pela fúria do fogo. Sem dúvida, consumiria tudo em seu caminho.

No dia seguinte, o chefe dos bombeiros do condado relatou que o grande incêndio foi acidental. Uma faísca de metal que arranhou o piso de concreto deu início a um grande incêndio que destruiu 65% do estoque da empresa. Uma faísca! A culpada foi uma pequena faísca acidental.

Se o apóstolo Tiago fosse resumir a mensagem central de sua epístola, acredito que ele diria: "Vocês sabem a verdade, irmãos e irmãs. Agora vivam essa verdade." Sua epístola está cheia de instruções sobre como viver a fé cristã.

O terceiro capítulo aborda uma questão crucial da qual devemos estar atentos a fim de construir e manter uma forte Ponte de Fé para nossa caminhada: a importância e o poder das nossas palavras.

Certa vez, conversei com uma mãe que estava sofrendo porque uma de suas filhas não a visitava com frequência. À medida que a conversa avançava, ela me contou algumas das coisas que dizia à filha durante as raras visitas. Depois de ouvir suas palavras, entendi sinceramente por que as visitas da filha se tornaram tão espaçadas. Quando confrontada sobre a maneira como ela falou com essa filha adulta, a senhora me disse: "Eu tenho o direito de dizer a ela o que eu quiser. Ela é minha filha e deve me respeitar. Essa é quem eu sou." Depois de ouvi-la, não pude deixar de imaginar Tiago balançando a cabeça e dizendo de maneira direta, mas poética: "Resposta errada, senhora! Nossa personalidade e nossas circunstâncias não devem determinar ou justificar o que sai de nossa boca. Leia minha epístola."

No início de seu terceiro capítulo, Tiago lembra ao leitor que somente um homem perfeito poderia ter controle total sobre sua fala o tempo todo. Visto sabermos que "não existe no mundo ninguém que faça sempre o que é direito e que nunca erre" (Eclesiastes 7:20), então o que devemos fazer? Apenas jogar as mãos aos céus e aceitar nosso discurso desenfreado simplesmente como parte de quem somos?

Infelizmente, esse é um argumento muito comum usado para justificar a falta de controle sobre nossa língua e outros comportamentos e desejos carnais. Porém, se quisermos viver a fé, conectando o que sabemos sobre nosso Deus à maneira como vivemos a vida, devemos realmente aprender a dominar a língua.

Tiago, o apóstolo do cristianismo prático, comparou-a primeiro a dois dispositivos mecânicos familiares e depois a uma das mais poderosas forças da natureza. Em cada uma das ilustrações, ele selecionou dispositivos de aparência muito insignificante usados para obter grandes resultados. As ilustrações são muito gráficas e cada uma é mais reveladora que a anterior.

O FREIO DO CAVALO – AJUDA A CONTER OS IMPULSOS DE NOSSA CARNE

UM CAVALO é tão forte e musculoso que a potência dos motores dos carros mais rápidos já fabricados é medida em "cavalos". No entanto, por mais majestoso e robusto que seja esse animal, ele é extremamente indisciplinado, se deixado no controle da natureza. No entanto, colocando um freio em sua boca, uma pessoa pode praticamente ter controle total sobre todos os movimentos do animal. Literalmente, o cavalo é controlado pela boca. Da mesma forma, nós, filhos de Deus, somos capazes de refrear todo o nosso corpo, se sujeitarmos a fala ao controle do Espírito Santo.

O cavalo selvagem, neste exemplo, também pode ter sido usado para ilustrar as paixões da carne com sua natureza selvagem. Pense em adultério, por exemplo. Uma palavra lisonjeira falada muitas vezes descuidadamente pode alimentar o início de desejos carnais que causam o fracasso de casamentos e a destruição de famílias. De fato, a pessoa que é cuidadosa ao usar sua fala pode achar esse cuidado muito útil para ajudá-la a evitar cair em tentação destrutiva.

O LEME DO NAVIO – DIREÇÃO CONTROLADA

O LEME é um pequeno dispositivo localizado no fundo até mesmo dos navios de cruzeiro mais majestosos. Ele fica oculto e é significativamente pequeno em comparação com o tamanho do navio, mas permite ao timoneiro guiar uma grande embarcação e navegar até seu destino. O leme não apenas mantém o navio em seu curso, mas seu poder também pode ajudar o navio a neutralizar a força de fortes ventos e tempestades no mar.

A metáfora usada por Tiago no segundo exemplo mostra ainda outra faceta do poder da língua. Ela pode orientar nossa vida na direção certa ou, se não for usada adequadamente, pode prejudicar tanto nosso destino que podemos nos encontrar longe de onde Deus planejou que estivéssemos.

De fato, poderíamos dizer que há vida plena, ou o fim (ou morte) para uma vida de propósito no poder da língua (Provérbios 18:21).

Se submetermos nossas palavras ao poder do Espírito Santo que vive em nós, os fortes ventos que frequentemente nos assaltam enquanto navegamos para nosso destino não mudarão o curso de nossa vida.

No entanto, se usarmos a língua para trazer maldição para nossa vida ou proferir blasfêmias contra Deus, então quebramos a conexão com aquela bússola divina que, de outra forma, nos ajudaria a permanecer no caminho certo e cumprir o propósito do Senhor para nós.

FOGO – FOFOCA E CALÚNIA

O FOGO é uma poderosa força da natureza que em geral começa acidentalmente e depois consome tudo em seu caminho. Tal como no exemplo das chamas que atingiram a fábrica perto da cidade onde moro, um incêndio que começa com uma pequena faísca pode destruir uma vida inteira de trabalho e memórias. Dessa forma, a ilustração usada por Tiago é propositadamente muito gráfica para descrever como nossas palavras podem ser prejudiciais quando as usamos para caluniar o próximo. Sua metáfora também fornece ao leitor uma forte noção da origem dos motivos por trás do discurso destrutivo: o próprio Satanás.

> *Assim também, a língua é um fogo; é um mundo de iniquidade. Colocada entre os membros do nosso corpo, contamina a pessoa por inteiro, incendeia todo o curso da sua vida, sendo ela mesma incendiada pelo inferno (Tiago 3:6).*

Os danos causados pelo fogo se espalham por toda parte, assim como palavras descuidadas podem prejudicar o caráter de uma pessoa, ferir a autoestima de uma criança para o resto da vida ou prejudicar gravemente um relacionamento. Às vezes, um pequeno comentário ou uma palavra raivosa falada apressadamente cria uma barreira entre marido e mulher, amigos íntimos ou pais e filhos.

A fala descuidada e perversa queima e consome: mentiras, fofocas, calúnias, palavrões, maldições — toda vez que um filho de Deus usa essas palavras nocivas, cuspimos o fogo do inferno na vida das pessoas e também na nossa.

A QUESTÃO DAS PALAVRAS DESCUIDADAS

HÁ TAMBÉM o fato de que às vezes somos simplesmente descuidados com as palavras. Não é que nosso coração esteja sempre cheio de ódio, raiva ou ciúme necessariamente; pode ser apenas o hábito de usar algumas palavras de modo inadvertido. Podemos apenas ser flagrados nos divertindo com amigos e, de repente, falar bobagens sem pensar. Talvez não queiramos fazer mal às pessoas ao dizer algo, mas, como não controlamos nossas palavras, acabamos machucando alguém.

No meu país de origem, as pessoas tendem a ser diretas quando falam. Os brasileiros costumam ser fervorosos em suas opiniões, e a língua dos latinos é cheia de paixão na maneira como eles expressam seus sentimentos.

Eu tinha muito a aprender quando me casei com um "cavalheiro Americano do Sul". Várias vezes, eu parecia zangada quando estava apenas tentando deixar um ponto claro. Eu não estava com raiva e certamente não queria magoar ninguém. No entanto, para a pessoa que recebe nossas palavras, a percepção é a realidade. Minhas palavras e, portanto, meu estado de espírito, foram interpretados e percebidos como raivosos. Aprendi rapidamente que precisava ficar mais atenta para não usar palavras de forma descuidada nem o tom errado.

Jesus abordou a importância de palavras descuidadas no último versículo de sua conversa com os fariseus em Mateus 12:

> *Mas eu digo que, no dia do juízo, os homens darão conta de toda palavra inútil que tiverem falado. Pois, por suas palavras, vocês serão absolvidos e, por elas, serão condenados (Mateus 12:36-37).*

Esta passagem me fez pensar duas vezes sobre como uso as palavras. No dia em que estiver diante de meu Senhor, prestarei contas de cada palavra que pronunciei, principalmente as inúteis. De acordo com o estudioso da Bíblia, o inglês John Gill,

> *...no grego original, a palavra usada para "inútil" significa "conversa inútil", que, embora não prejudique diretamente a Deus ou ao homem, não tem utilidade para quem fala ou para quem ouve; e, no entanto, mesmo isso, no último e terrível julgamento geral, se não for perdoado e gerar arrependimento, será levado em conta.*[16]

NO FIM DAS CONTAS

> *Pois a boca fala do que está cheio o coração. O homem bom tira boas coisas da bondade que entesoura no coração, mas o homem mau da sua maldade tira coisas más (Mateus 12:34-35).*

ESSAS PALAVRAS, DIRIGIDAS pelo próprio Jesus aos fariseus, constituem um importante alerta sobre a verdade por trás das nossas palavras: muitas vezes, a língua

---

[16] Comentário de púlpito do acadêmico John Gill sobre Tiago 3.

derrama aquilo que está transbordando em nosso coração. A repreensão do Mestre deveria nos fazer tremer e nos apressar a esquadrinhar o coração sempre que nos flagrarmos dizendo algo áspero ou com ira. Ou sempre que nos percebermos julgando alguém, fofocando ou caluniando.

O que realmente estamos sentindo? Pode ser ciúme? Falta de perdão? Será que o comportamento da pessoa revela um pecado secreto com o qual também lutamos? Independentemente de nossos motivos, as palavras de Jesus não mudam. Nossa língua muitas vezes derrama aquilo que enche o coração.

O PODER DO LOUVOR

*Por isso te louvarei entre as nações, ó Senhor;
cantarei louvores ao teu nome (2Samuel 22:50).*

Outro aspecto de extrema importância quando se trata de nossa fala é o poder do louvor. A Bíblia está repleta de versículos chamando os santos para louvarem a Deus. Ao enfrentarmos circunstâncias difíceis, devemos aprender a louvá-lo deliberadamente — mesmo quando não nos sentimos dispostos a isso —, confiando que ele nos livrará de cada provação conforme prometeu que faria. A gratidão abre a porta para a presença de Deus e é construída sobre o alicerce da confiança nele. A gratidão é a linguagem do Céu, e devemos aprender a expressá-la sempre.

Um dos equívocos comuns sobre louvor e gratidão a Deus é encontrado na razão pela qual o louvamos. O louvor flui facilmente de nossa boca quando tudo está indo bem, mas achamos difícil louvá-lo durante nossas provações. É claro que, ao enfrentarmos as adversidades da vida, nossa carne não deseja expressar gratidão. Acredito que isso acontece porque associamos o louvor e a adoração aos dons que recebemos, em vez da natureza do Doador.

*Deus não é homem para que minta nem filho de
homem para que mude de ideia (Números 23:19).*

O segredo da gratidão infinita é mudar o paradigma do louvor dentro de nós. Devemos ensinar ao nosso coração que Deus nunca muda e que ele é fiel para cumprir suas promessas. Devemos dizer a nós mesmos que, embora nossas circunstâncias possam não ser boas, Deus continua bom. Ele ainda é o Doador de todo dom bom e perfeito, mesmo quando não podemos ver (Tiago 1:17). Deus ainda é um Deus bom, mesmo quando o mundo como o conhecemos está desmoronando. No momento em que aceitamos isso, podemos começar a louvá-lo continuamente.

Essa pode ser a simples, e, no entanto, mais poderosa lição a ser aprendida quando passamos por provações.

Escolhendo declarar palavras cheias de vida

"Eu sou gordo"; "Não consigo emprego"; "Não sei fazer nada direito!"; "Nunca vou me livrar das dívidas"; "O Príncipe Encantado está perdido e não consegue encontrar o caminho para o castelo".

Ouço muitos comentários como esses vindos de cristãos fiéis e já fui culpada de fazer algumas dessas declarações também. São declarações venenosas que costumamos fazer sem pensar duas vezes. Morte e derrota que proferimos de maneira descuidada em nossa própria vida.

Pode ser que tenhamos crescido ouvindo essas coisas e, portanto, simplesmente continuamos uma *tradição familiar* de autodepreciação. Talvez sejam causadas por inseguranças e baixa autoestima. Ou pode ser apenas um mau hábito.

> *Da mesma boca procedem bênção e maldição. Meus irmãos, isso não está certo! Por acaso podem brotar da mesma fonte água doce e água amarga? Meus irmãos, pode uma figueira produzir azeitonas, ou uma videira, figos? Da mesma forma, uma fonte de água salgada não pode produzir água doce (Tiago 3:10-12).*

Várias mensagens e livros inteiros foram dedicados ao fato de que podemos destruir o futuro de uma criança com as palavras que proferimos diante dela. Ou sobre como os casamentos seriam restaurados se maridos e esposas fossem mais cuidadosos em conter sua língua.

Mas, e que tal as bênçãos e maldições que declaramos sobre nossa própria vida com as palavras que usamos? Tiago nos ensina que a língua tem o poder de alterar o destino — não podemos esperar colher figos se plantamos uvas. Da mesma forma, não podemos esperar colher bênçãos se nossa língua declarar palavras de derrota em nossa vida.

Em seu livro *Words Can Change Your Brain* [*Palavras podem mudar sua mente*], Andrew Newberg e Mark Robert Waldman defendem que as palavras podem literalmente causar transformações em seu cérebro. Eles escrevem: "Uma única palavra tem o poder de influenciar a expressão de genes que regulam o estresse físico e emocional."

> *Ao manter uma [palavra] positiva e otimista em sua mente, você estimula a atividade do lobo frontal. Essa área inclui centros de linguagem específicos que se conectam diretamente ao córtex motor responsável por movê-lo para a ação. E, como nossa pesquisa mostrou, quanto mais você se concentra em palavras positivas, mais começa a afetar outras áreas do cérebro. As funções no lobo parietal começam a mudar, o que muda sua percepção de si mesmo e das pessoas com quem você interage. Uma visão positiva de si mesmo o levará a ver o que há de bom nos outros, enquanto uma autoimagem negativa o levará à suspeita e à dúvida. Com o tempo, a estrutura do seu tálamo também mudará em resposta às suas palavras, seus pensamentos e seus sentimentos conscientes, e acreditamos que as mudanças talâmicas afetam a maneira como você percebe a realidade.*[17]

Não é maravilhoso quando a ciência moderna confirma o que a Palavra de Deus tem declarado por séculos? De fato, muito antes de os cientistas serem capazes de medir os efeitos das palavras e dos pensamentos em nossa estrutura cerebral, os mensageiros de Deus já haviam declarado o resultado de palavras negativas em nossa vida.

---

[17] NEWBERG, Andrew; WALDMAN, Mark Robert. *Words Can Change Your Brain* [*Palavras podem mudar sua mente*]. Nova York: Plume, 2013, p. 34.

Podemos falar o dia inteiro a respeito do efeito de palavras negativas no lobo frontal do cérebro ou sobre os efeitos da fala positiva na atividade cerebral, mas o fato é que você e eu sabemos que Deus está mais preocupado com as razões pelas quais podemos ser autodestrutivos em nosso discurso.

Se você se pegar dizendo as mesmas coisas negativas repetidas vezes, peça ao Espírito Santo que revele o que realmente está acontecendo.

Será que você não se sente digno do amor de Deus ou acredita nas mentiras do diabo que ouviu repetidamente quando criança? Será que você está relacionando seu valor com atributos materiais ou físicos e se esquecendo de quem você realmente é em Cristo? Ou talvez você esteja seguindo os exemplos de autodepreciação e derrota de seus pais?

Seja qual for o motivo, Deus é fiel para revelá-lo a você. Mais importante: ele é fiel para ajudar você a superar isso, em nome de Jesus!

Você precisa escolher acreditar no que a Palavra de Deus diz a seu respeito:

"Você é uma pessoa linda. Amada. Você é capaz. Vitoriosa. Filho ou filha do Rei!"

Você tem o Rio da verdade correndo dentro de si. Deixe a profundidade da sabedoria dessa Corrente sair de sua boca. Permita que a sabedoria de Deus abençoe sua vida.

Capítulo 11

Não interrompa o progresso!

*Deus conhece nossa situação; ele não nos julgará
como se não tivéssemos dificuldades a superar.
O que importa é a sinceridade e a perseverança
de nossa vontade para superá-las.*
C.S. Lewis

TODO MUNDO FAZ E TODO MUNDO ABANDONA. Resoluções de Ano-novo são comuns na cultura ocidental. Há alguma coisa especial em ver o ano velho escapar para o passado. Sentimos que um botão de reinicialização foi pressionado, e uma sensação de renovação e fortalecimento preenche nossa alma. Há esperança para as metas que não alcançamos no ano passado e para as tarefas que acumularam poeira em nossa lista de tarefas cada vez maior. Vemos o ano terminar e voltamos a fazer resoluções — aquelas que prometem um modo de vida mais gratificante e organizado, melhor saúde ou melhores finanças.

No entanto, como uma criança cheia de entusiasmo desfrutando de um novo brinquedo na manhã de Natal apenas para descartá-lo uma semana depois, frequentemente brincamos com nossas resoluções de Ano-novo por um tempo e depois as abandonamos quando as coisas não acontecem tão rápido quanto esperado.

Estatísticas mostram que 40% a 45% dos adultos estadunidenses fazem uma ou mais resoluções a cada ano. Perder peso, fazer exercícios e parar de fumar são as principais resoluções com as quais metade da população dos Estados Unidos se compromete quando a bola da Times Square, em Nova York, atinge a base.

Uma semana depois, no entanto, estudos mostram que 25% dessas pessoas já abandonaram suas resoluções. O número sobe para 29% ao fim da segunda semana e 64% após seis meses.

O resultado de nossa falta de vontade ou falta de força de vontade para manter os objetivos nos deixa com uma sensação de baixa autoestima e a impressão de que os obstáculos para alcançar nossas metas são maiores do que o poder dentro de nós e até mesmo o poder de Deus para nos capacitar.

A fé extraordinária não acontecerá da noite para o dia. Leva tempo, esforço e muita paciência, pois lutamos contra o ambiente, traços de personalidade e (muitas vezes) falta de força de vontade.

Meu propósito neste capítulo é identificar as questões que em geral nos impedem de progredir na busca por uma fé forte e oferecer a você uma nova perspectiva para continuar construindo a Ponte da Fé.

Problema nº 1: crise de identidade

> *Vocês, porém, são geração eleita, reino de sacerdotes, nação santa, povo que pertence a Deus, para anunciar as grandezas daquele que os chamou das trevas para a sua maravilhosa luz (1Pedro 2:9).*

UMA DAS COISAS de que precisamos é uma nova perspectiva em relação à nossa natureza como filhos de Deus. No capítulo 13 de seu livro *Extraordinário*, John Bevere conta a história de um príncipe que foi sequestrado no nascimento. Por vários anos, viveu com camponeses que disseram que ele era pobre, uma espécie de escravo. Um dia, os homens do rei o encontraram e o trouxeram de volta ao castelo. Embora fosse da realeza, quando acordou, o príncipe foi ao jardim buscar o próprio café da manhã. Um *chef* preparou um banquete para ele, mas o antigo estilo de vida estava tão arraigado em seu coração que encontrou dificuldade para viver como um príncipe. Bevere compara essa ilustração à maneira como nós, filhos de Deus, tendemos a viver:

Cada um de nós nasceu escravizado pelo "comum". Agora devemos ser liberados para pensar e acreditar "extraordinariamente". Paulo deseja "suprir o que falta à sua fé" (1Tessalonicenses 3:10). Se acreditarmos que não somos diferentes daqueles que não foram libertados pela graça de Deus, viveremos como eles, no comum. Viveremos como fomos treinados, cativos do sistema deste mundo. No entanto, se permitirmos que a Palavra de Deus mude a forma como nos vemos e realmente acreditarmos em nosso coração, então começaremos a viver como a realeza do Céu — o reino do extraordinário!

É mais do que uma lista do que fazer e não fazer; mais do que uma lista de lugares que um cristão deve ou não frequentar. Trata-se de nos apropriarmos, de todo o coração, da nova natureza que recebemos como filhos do Rei.

É mais do que dizer que somos seus filhos; é acreditar e realmente viver nessa realidade, trazer o que sabemos da nossa identidade como filhos do Deus Todo Poderoso ao nosso coração e permitir que esse conhecimento influencie nossa caminhada de fé.

Em outras palavras, a vitória acontece quando estabelecemos uma conexão cérebro-coração forte e consistente — uma ponte de 30 centímetros sólida para sustentar as tempestades da vida.

Ao tomarmos posse de nossa natureza como filhos do Rei, entendemos que temos livre acesso a seus recursos, sua presença, sua mesa farta. Além disso, obedecer torna-se natural.

Na verdade, temo que muitos cristãos *caiam do cavalo* por permitir que o antigo estilo de vida influencie sua caminhada. Eles se esquecem de quem são ou, pior ainda, nunca realmente entenderam a sua identidade como filhos de Deus.

Por não terem se apropriado de sua posição de filhos do Rei, acabam voltando aos velhos hábitos, muitas vezes cometendo os mesmos velhos pecados e andando com as mesmas velhas companhias. Consequentemente, aquilo que eles conheceram por tantos anos certamente acaba influenciando sua caminhada.

Portanto, um dos passos para permanecer forte na fé é permitir que nossa nova criatura seja nutrida, escolhendo deliberadamente nos separar de influências ímpias até que nos tornemos firmes o suficiente em nossa fé para, de fato, influenciá-las, e não o contrário.

Problema nº 2: paralisia

...corramos com perseverança a corrida proposta para nós, tendo os olhos fitos em Jesus, autor e consumador da nossa fé (Hebreus 12:1b-2a).

Sou fascinada por águias. Dizer que a águia é minha ave favorita é um eufemismo. Desenvolvi um interesse por elas bem antes de me tornar cristã.

Tudo começou quando minha mãe leu uma história sobre águias e sua capacidade de voar nos lugares mais altos, superando desafios físicos e ambientais. Ela foi criada numa época e num lugar onde as mulheres não tinham permissão para realizar o que quisessem; por isso, ela sempre me desafiou a ousar voar alto e chegar a lugares com os quais ela só poderia sonhar.

Lembro-me de que sempre que eu me aproximava dela com uma atitude do tipo "não consigo", ela olhava para mim com aqueles olhos espanhóis fortes e dizia: "Não me diga que você não pode fazer isso antes de tentar e dar o melhor de si! Você pode fazer qualquer coisa que quiser, desde que trabalhe duro e não permita que o medo a domine. Você é minha águia!"

Embora o pensamento por trás dessa atitude fosse extremamente válido, porque eu confiava principalmente em minhas próprias habilidades e meus recursos, eu me sentia com frequência impotente e desapontada quando meus esforços falhavam. Sem Deus como farol para guiar minhas viagens, já havia contabilizado um bom número de naufrágios aos 25 anos.

...mas aqueles que esperam no Senhor renovam as suas forças, voam alto como as águias, correm e não ficam exaustos, andam e não se cansam (Isaías 40:31).

Quando comecei a viver como cristã, Isaías 40:31 rapidamente se tornou o versículo da minha vida. As histórias de águia que mamãe contava se tornaram ainda mais significativas para mim, pois percebi como Deus usa as metáforas da águia nas Escrituras como um símbolo de vitória, perseverança e força para aqueles que confiam nele.

Quando comecei a estudar as águias, descobri que elas voam usando correntes térmicas de ar, que são padrões de ar quente criados pelo terreno circundante.

Quando atingem a altitude certa, abrem as asas e as penas da cauda e deixam o vento levá-las a novas alturas, deslizando depois para baixo para pegar outra corrente térmica ascendente.

Planar economiza a energia da águia porque ela não precisa bater as asas com tanta frequência.

No entanto, para alcançar essas correntes, a águia precisa primeiro bater as asas e voar. Os padrões de ar quente não atingem o solo ou as rochas onde a águia descansa. Ela deve primeiro fazer sua parte e começar a se mover em direção às correntes de ar que a sustentarão e levarão a novas alturas.

O mesmo é verdade para todo cristão. O Senhor promete nos sustentar assim como as correntes de ar quente mantêm as águias voando alto. Porém, devemos primeiro bater as asas da fé a fim de alcançar o lugar onde seu poder e sua força assumem o controle.

O problema é que muitos de nós não alcançamos o lugar onde podemos voar com ele porque permitimos que os problemas ou as influências de nosso ambiente nos paralisem. Tornamo-nos, portanto, águias empoleiradas nas rochas, recusando-nos a iniciar o voo que nos levará à corrente de ar quente que nos ajudará a voar acima das nossas circunstâncias.

Parar não é uma opção!

Era 20 de outubro de 1968. Milhares de espectadores lotaram o Estádio Olímpico da Cidade do México. Corredores de todo o mundo enfrentaram uma competição de mais de 40 quilômetros. Mamo Wolde, da Etiópia, cruzou a linha de chegada com a aparência de quando começou e conquistou a medalha de ouro. À medida que outros corredores chegavam ao estádio, os espectadores começaram a se levantar para ir embora. De repente, o som de sirenes de ambulância encheu o ar. Todos os olhos se voltaram para o portão quando o corredor número 36, vestindo as cores da Tanzânia, entrou no estádio.

Seu nome era John Stephen Akhwari. Ele mancou com as pernas ensanguentadas e enfaixadas por toda a pista de 400 metros até a linha de chegada.

O estádio explodiu em alegria e aplausos enquanto os espectadores assistiam ao sorriso de triunfo sobre a dor que aquele homenzinho exibiu ao terminar a corrida. Mais tarde, naquele dia, um repórter perguntou a ele:

— Por que você continuou a corrida depois de estar tão gravemente ferido?

Sua resposta sóbria é uma inspiração para minha alma:

— Meu país não me mandou para mais de 11 mil quilômetros de distância para simplesmente começar uma maratona. Meu país me mandou para mais de 11 mil quilômetros de distância para completá-la.

Ei, cristão! Deus não salvou você e eu só para começarmos nossa corrida, mas para que a completássemos, e completássemos bem.

O problema de muitos de nós é sermos facilmente influenciados por nossas emoções. Quando as tempestades atingem nossa vida, é comum ficarmos paralisados pelo medo e pelos sentimentos de desesperança. Permitimos que nossas emoções governem nossos pensamentos e nossa mente hiperativa, ao mesmo tempo que tentamos descobrir como podemos resolver as dificuldades. Assim, nosso espírito ferido e cansado dá ouvidos às circunstâncias e ao inimigo de nossa alma, que determina que o problema é grande demais.

E assim, antes que percebamos, simplesmente paramos de andar e nos tornamos cristãos paralisados e ineficazes. Nossa Ponte da Fé começa a rachar.

Já testemunhei inúmeros casos de homens e mulheres que antes eram gigantes da fé e se tornaram soldados aleijados, cansados demais para tentar, exaustos demais para permanecer na corrida.

Em meio às nossas provações, Deus olha para nós e diz: "Levante-se, filho. A jornada não acabou até que eu diga que acabou. Você tem uma corrida para completar. Você tem uma nuvem de testemunhas ao seu redor, a quem está influenciando com a maneira como reage. Você não deve desistir. Bata suas asas de fé para que chegue a um lugar onde minha força o fará voar alto: o lugar onde eu mesmo sustentarei você. Mas, antes de chegar lá, você precisa caminhar um pouco. Você tem um voo para começar. Você tem trabalho a fazer e um legado que ajudará a manter sua Ponte da Fé forte."

CONTINUE ANDANDO!

MAS COMO VOCÊ pode continuar na corrida quando está tão cansado? Quando seu espírito é esmagado? Quando todos ao seu redor parecem estar indo na direção oposta a você?

Essas são boas perguntas.

Acho que podemos começar abordando seus padrões de pensamento. Viver uma vida vitoriosa geralmente é uma questão de perspectiva.

Quando os problemas nos assolam e sentimos vontade de desistir, uma das chaves para não parar o progresso é mudar a perspectiva sobre os problemas.

E a Bíblia certamente pode nos ajudar com isso!

Uma mudança de perspectiva

De fato, mil anos para ti são como o dia de ontem que passou, como as horas da noite. [...] Ensina-nos a contar os dias para que o nosso coração alcance sabedoria (Salmos 90:4,12).

Eu estava assistindo a um dos meus programas favoritos no Animal Channel quando o apresentador do programa disse, em seu cativante sotaque britânico: "Estou olhando para baixo desta montanha, neste vale antigo, percebendo que as rochas em que estou pisando foram formadas há 2 bilhões de anos..."

Dois bilhões de anos? Sério? Uau! Minha mente não consegue entender esse cálculo.

Deixe-me esclarecer que não pretendo discutir a idade da Terra, embora pessoalmente acredite que, se entendo a Bíblia corretamente, a ciência tenha calculado o tempo de existência do planeta incorretamente.

Meu propósito é debater o conceito de tempo sob a ótica de Deus, a brevidade da vida e o tempo à luz da eternidade. A Bíblia afirma claramente que mil anos para Deus são como um dia ou as poucas horas da noite (Salmos 90:4).

À luz de sua infinidade, mesmo 2 bilhões de anos são apenas um piscar de olhos. Mas para nós, seus filhos de mente terrena, alguns dias parecem uma semana; algumas semanas, um mês; alguns anos... bem, a eternidade.

Você já passou por uma provação ou uma fase em sua vida que parecia durar para sempre?

Talvez esteja passando por uma agora. Esperando pelo amor verdadeiro, esperando para engravidar, esperando por um emprego, esperando em Deus pela cura.

Talvez esteja esperando que algo acabe... ou comece.

Invariavelmente, em algum momento ou outro, nos flagramos observando o tique-taque do relógio enquanto esperamos em Deus por diversas coisas.

Agora, você é capaz de voltar atrás em sua mente e recordar uma provação ou situação pela qual passou que parecia nunca acabar, mas agora, anos depois do fato, parece que aconteceu décadas atrás?

Acredito que todos nós podemos.

O Tempo — o que nós, filhos de Deus, fazemos com ele? Temos a perspectiva certa? Estamos contando nossos anos com um coração de sabedoria, acolhendo as lições que aprendemos, custe o que custar, ou estamos contando os anos como o mundo faz — pelo que ainda temos ou não pela frente —, por aquilo que realizamos ou por tentar desesperadamente reverter os sinais do tempo que aparecem em nosso corpo envelhecido?

O Salmo 90 certamente me faz esta pergunta: como estou contando meus dias? Com certeza, parece que fiz 20 anos outro dia, mas já dobrei essa contagem em um piscar de olhos.

Como vivi esses anos? O que tenho feito com o tempo enquanto espero as promessas de Deus em minha vida? O que estou aprendendo sobre ele, já que as provações enfrentadas frequentemente se arrastam por mais tempo do que o esperado?

Como estou usando o tempo que ele me dá, um dia de cada vez?

Daqui a cem anos

Há cerca de dois anos, encontrei uma caneca de café que, na verdade, era destinada aos professores, com a seguinte citação: "O que você faz hoje fará diferença daqui a cem anos."

Quando li isso, pensei na vida daqui a cem anos. Embora não saiba exatamente o que estarei fazendo, sei duas coisas sobre minha vida daqui há um século:

1. Estarei em casa num lugar chamado Paraíso, desfrutando da glória de Deus.
2. O que quer que tenha acontecido em minha vida terrena cem anos antes não terá mais importância para mim.

Certamente ainda posso estar impactando o mundo que abandonei, mas os problemas que enfrentei aqui não me seguirão para a eternidade.

Esse pensamento me deu uma nova perspectiva de como os problemas da vida são verdadeiramente temporários. Eles não importarão daqui a cem anos, quando eu estiver caminhando ao longo do Mar de Cristal, desfrutando da presença e da glória de Deus.

No entanto, uma coisa com certeza importará: como reagi à vida e às suas provações?

Escola de treinamento do Céu

Ah! Que possamos entender este conceito tão verdadeiro, com todas as nossas forças: que a vida é uma escola, um campo de treinamento para a vida eterna.

A vida é a sala de aula para a eternidade. Se isso é verdade, será que não deveríamos prestar atenção à oração de Moisés em Salmos 90:12, quando ele diz, parafraseando: "Ensina-me a contar os meus dias, não desperdiçando com coisas que não importam, querido Senhor, mas ajuda-me a ganhar um coração de sabedoria."

Essa perspectiva não deveria mudar a maneira como vemos nossas provações? Não deveria nos dar forças para continuar caminhando, apesar do que passamos? Eu creio que sim.

A oração de Moisés em Salmos 90 anseia pelos ensinamentos de Deus em todos os aspectos de sua vida. Trata-se da oração de quem busca conhecer o Deus que nos concede cada novo dia e que *permite* cada provação, mesmo que muitas vezes não entendamos. Essa oração revela um coração que entende que a vida não se trata de nós, mas de Deus e seu Reino. Afirma que somos seus alunos e, como tais, precisamos estar atentos ao que o Mestre está ensinando, submeter-nos às suas instruções e reconhecer seu conhecimento muito superior:

> *Como os céus são mais altos do que a terra, assim os meus caminhos são mais altos do que os seus caminhos, e os meus pensamentos, mais altos do que os seus pensamentos (Isaías 55:9).*

Pense bem: somos muito rápidos em dizer aos nossos filhos: "Preste atenção ao seu professor!", mas quantas vezes nós mesmos ignoramos os ensinamentos do Mestre? Seria por isso que diversas vezes nossas *lições* duram tanto tempo?

Será que ainda não chegamos à resposta do problema e, como na aula de Matemática, devemos ficar no exercício até aprender? Será que a lição não nos beneficiará da maneira como esperamos, mas, ao contrário, é uma lição de confiança naquele que mantém nossas vidas em suas mãos e cujos pensamentos sobre nós são sempre para o bem, nunca para o mal? Aquele que promete estar sempre com você, aconteça o que acontecer?

Frequentemente lemos e citamos Jeremias 29:11, mas veja as palavras de Deus nos versículos seguintes (12-14):

> *Porque sou eu que conheço os planos que tenho para vocês — declara o Senhor — planos de fazê-los prosperar, não de causar dano, planos de dar a vocês esperança e um futuro. Então, vocês clamarão a mim, virão orar a mim, e eu os*

> *ouvirei. Vocês me procurarão e me acharão quando me procurarem de todo o coração. Eu me deixarei ser encontrado por vocês — declara o Senhor...*

COMECE A CONTAGEM HOJE

Como o "cálculo" dos nossos dias com a perspectiva correta conduz nosso coração à sabedoria?

Porque isso nos torna conscientes da transitoriedade desta vida e de como devemos nos tornar desapegados dela como cristãos.

NÃO SE APEGUE ÀS RIQUEZAS E À GLÓRIA DESTE MUNDO

Quanto importaria para um prisioneiro condenado à morte saber que lhe deixaram uma fortuna?

Não muito. Em Lucas 12, Jesus conta uma parábola sobre um fazendeiro egocêntrico que pensou em ampliar seu sucesso. Ele tinha uma terra muito produtiva e trabalhava para abrir mais espaço para mais posses. Derrubou seus celeiros a fim de construir outros maiores. Manteve a mente nas riquezas e glórias terrenas e pensou que havia planejado sabiamente — afinal, ele tinha o suficiente para durar até a velhice.

Disse à sua alma: "Coma, beba e divirta-se." Mas a verdade era que ele nem tinha um amanhã. Deus disse: "Seu tolo! Esta noite você vai morrer; aí quem ficará com tudo o que você guardou? — Jesus concluiu: — Isso é o que acontece com aqueles que juntam riquezas para si mesmos, mas para Deus não são ricos" (Lucas 12:20-21).

NÃO PONHA MUITA ÊNFASE NOS PROBLEMAS DA VIDA

Se aplicarmos o conceito de "daqui a cem anos", perceberemos como nossos problemas são verdadeiramente breves à luz da eternidade.

Sei que é mais fácil dizer do que viver isso, e não tenho a pretensão de entender o sofrimento decorrente das provações de todos que irão ler este livro. No entanto, tive uma parcela de mágoa e dor e posso afirmar que, sempre que tiro meu foco da dor e me concentro na vastidão de Deus e em sua bondade, suas promessas e seu poder, recebo uma nova perspectiva sobre meus problemas.

Desafio você a fazer o mesmo.

Quaisquer que sejam as suas experiências, pese as bênçãos que você tem e as promessas de Deus para sua vida do outro lado da balança. Estou convencida disto: se você é um filho de Deus, sua balança sempre se inclinará para o bem, se você olhar através das lentes da fé e da eternidade.

Tente fazer isso. Esse exercício certamente lhe trará forças para dar mais um passo. E depois outro.

Pense nos problemas da vida como uma oportunidade de ganho eterno

PAULO NOS LEMBRA de como nossos problemas, quando vistos pelos olhos de Deus, produzirão frutos imperecíveis para nossa alma: "...pois os sofrimentos leves e momentâneos produzem para nós uma glória eterna que pesa mais do que todos eles" (2Coríntios 4:17).

Ao olhar para trás e perceber quão rápido minha vida está passando, me sinto desafiada a contar cada dia da próxima metade da vida na Terra com um coração sábio.

Sou desafiada a focar meu olhar para daqui a cem anos e avaliar se estou aprendendo ou não as lições da escola de treinamento do Céu.

Quero estar no rol de honra do Mestre e receber minha coroa com um sorriso dele, dizendo: "Muito bem, meu servo bom e fiel." (Mateus 25:21)

Quero ter uma "multidão de testemunhas" atrás de mim, impactada porque completei a caminhada, assim como falei o que precisava ser dito. Quero impactá-los porque terminei minha corrida, independentemente das circunstâncias.

Daqui a cem anos, quando estiver passeando pelas ruas de ouro, quero poder ver o rosto das pessoas que minha vida tocou para a glória de Deus.

Esta, sem dúvida, é a lição final dessa escola de treinamento: viver de maneira que as pessoas ao nosso redor desejem conhecer nosso Jesus por causa da forma como vivemos a vida.

Portanto, também nós, uma vez que estamos rodeados por tão grande nuvem de testemunhas, livremo-nos de tudo o que nos atrapalha e do pecado que nos envolve

> *e corramos com perseverança a corrida proposta para nós, tendo os olhos fitos em Jesus, autor e consumador da nossa fé. Ele, pela alegria que lhe fora proposta, suportou a cruz, ao desprezar a vergonha, e assentou-se à direita do trono de Deus (Hebreus 12:1-2).*

Problema nº 3: perfeccionismo

PERFECCIONISMO...

Se você é mulher, garanto que já sentiu ciúmes de um perfeccionista.

Sei bem o que é isso. Sendo uma perfeccionista em processo de reabilitação, por muitos anos lutei com pensamentos de inadequação e fracasso. Eu me esforcei para só tirar notas máximas e sonhava ter cabelos lisos.

Os perfeccionistas em geral são criados por pais perfeccionistas e, portanto, sua tendência de se esforçar para ser o *crème de la crème* em tudo o que fazem é um apelo por amor e aceitação. Infelizmente, a menos que reconheçam o problema, eles carregam o legado para a próxima geração, empurrando involuntariamente seus pobres filhos para a mesma armadilha.

O perfeccionismo é outra razão pela qual muitas pessoas atrasam o progresso em seu objetivo de construir uma Ponte de Fé forte. Elas cometem erros e desistem. Caem em tentação novamente e pensam que não podem viver a vida cristã. Assistem aos outros fazendo mais do que elas para o Reino e começam a comparar seus dons e talentos com os de outras pessoas.

Não é uma armadilha fácil de se escapar, mas, se quisermos ter uma vida plena, se quisermos mesmo construir uma forte Ponte da Fé, precisamos fugir disso.

> *Podemos começar nos lembrando desta verdade: Deus não se impressiona com nosso desempenho. Ele quer todo o nosso coração e toda a nossa alma (Deuteronômio 10:12).*
>
> *Um coração que entende que nossa perfeição só se encontra nele (Efésios 2:8-10).*
>
> *Um coração que faz da vontade de Deus sua prioridade (Salmos 18:30).*

Um coração que se concentra menos em buscar a perfeição e mais em aperfeiçoar nosso amor e nossa devoção pelo Senhor (Salmos 51:10).

De fato, hoje percebo que o perfeccionismo é a arma que Satanás (e o mundo) usa para me fazer depender cada vez menos de Deus e cada vez mais do meu "eu", que é cheio de falhas e inadequado.

Em vez de atingir a perfeição, o resultado sempre ficará aquém do nosso objetivo. Ficamos estressados, carentes de aprovação, autoindulgentes, impacientes. Simplesmente difíceis de lidar.

E, pior ainda, desistimos. Paramos. Perdemos de vista. Perdemos a fé.

Através do crivo da graça de Deus

Nosso ótimo trabalho e bom desempenho devem ser vistos através do crivo da graça de Deus. Pela graça, somos presenteados a cada dia com oportunidades, dons e talentos que nos permitem fazer o melhor possível e ser o melhor que podemos.

Como Dallas Willard disse: "Graça é Deus agindo em nossa vida para fazer o que não podemos fazer sozinhos."

De fato, Deus nunca nos projetou para alcançar a perfeição sem ele, nem para construir nossa Ponte da Fé em um dia... ou por conta própria.

Mudar de perspectiva faz você se manter na corrida

Escolha ver a vida através dos olhos de Deus. Isso não será fácil porque não vem naturalmente para nós. Não podemos fazer isso sozinhos. Temos de permitir que Deus eleve nosso ponto de vista. Comece lendo sua Palavra, a Bíblia. [...] Ore e peça a Deus para transformar seu pensamento. Deixe que ele faça o que você não pode. Peça a ele para lhe dar uma perspectiva eterna e divina.

Charles R. Swindoll

Passávamos por uma crise financeira.

Eu havia perdido meu emprego e estávamos vivendo com apenas uma renda. Deus nos dissera claramente que eu deveria ficar em casa e dedicar meu tempo à criação de nossas filhas e ao desenvolvimento de minha carreira de escritora.

Olhei para uma tela de computador em branco enquanto o cursor piscava para mim. Meu cérebro estava tão branco quanto aquela página. Meus pensamentos, em todo lugar. Eu estava doente e as contas médicas se acumulavam.

Virei-me e deixei o sol brilhar em meu rosto ao mesmo tempo em que buscava o rosto de Deus. "Preciso de uma nova perspectiva, Senhor!"

Enquanto o sol brilhava na minha face, uma torrente de gratidão encheu minha alma com uma nova perspectiva. Não, minha carteira de investimentos não estava nem perto do que precisa ser para a aposentadoria; o plano de poupança para a faculdade de minhas filhas estava magro. Nossa van tinha quilometragem o suficiente para cobrir o território dos Estados Unidos de fora a fora muitas vezes. Passamos muitos dias de férias em nossa cidade. Ainda assim, percebo que somos maravilhosamente ricos.

Aprendi que uma vida plena é, de fato, uma questão de perspectiva, pois conheço várias pessoas que têm bem mais do que nós e são muito pobres. Também há aqueles que nunca terão nada ou nada farão de grande importância na vida porque não acreditam que podem. A fé acredita naquilo que ainda não podemos ver, e a chave para o sucesso na vida é confiar plenamente que realizar o sonho dado por Deus é apenas uma questão de tempo. É também valorizar e ser grato pelo que você tem.

De fato, confiança e gratidão formam uma equipe poderosa.

Porém, por mais básicos que esses conceitos possam parecer, muitas vezes não são facilmente encontrados na vida real.

Não podemos contar facilmente todos os exemplos de pessoas que superaram a adversidade. Esses são grandes homens e mulheres da História que alcançaram o sucesso não porque o "destino" lhes tenha dado uma parte justa, mas porque fixaram os olhos em seu objetivo e não desistiram até chegar ao destino.

Winston Churchill, Anne Frank, Helen Keller e Nelson Mandela — estas são apenas algumas pessoas cujos nomes estão para sempre gravados na lista dos "inesquecíveis" porque cada um teve uma visão, enxergou além de suas circunstâncias e nunca deixou de acreditar.

O que muda nossa perspectiva na vida é o mesmo para todos nós: olhamos para as circunstâncias e ficamos com medo, paralisados. Ouvimos a palavra "câncer" e pensamos em morte. Perdemos o emprego, e a esperança sai pela porta.

Ancoramos nosso valor em coisas, situações ou em nosso desempenho, em vez de confiar na incrível e poderosa graça de um Deus que nos ama profundamente e quer o melhor para nós.

Ao fixarmos os olhos nas tempestades e nas incertezas da vida, esquecemos que os problemas que enfrentamos não definem quem somos e, com certeza, não determinam nosso futuro, mas a forma como lidamos com as tempestades e incertezas está diretamente relacionada à nossa fé e ao que acreditamos a respeito de Deus.

Independentemente de quantos anos tenhamos, nossa história não termina até que tenhamos dado o último suspiro.

Quando questionado sobre o seu sucesso, Michael Jordan deu uma declaração sóbria a respeito do segredo do sucesso em sua vida: "Errei mais de 9 mil arremessos em minha carreira. Perdi quase trezentas partidas. Em 26 ocasiões, fui incumbido de fazer o arremesso da vitória e errei. Eu falhei várias vezes na vida. E é por isso que tenho sucesso."

Da próxima vez que você olhar para as circunstâncias da sua vida e se sentir tentado a desistir ou ficar desanimado, eu o desafio a dar um passo para trás e ampliar a visão. Como no escopo de uma câmera, abra bem as lentes e diminua o zoom de seu problema. Lance um segundo olhar honesto sobre sua vida. Conte suas muitas bênçãos. Faça um passeio pela natureza para ver a fidelidade de Deus aos pássaros e às flores.

Cante uma canção de louvor.

Em seguida, agarre a sua visão. O seu sonho. As promessas de Deus. Acima de tudo, mesmo que esteja sofrendo, continue andando. E nunca conceda aos seus problemas mais poder do que eles têm.

Lembre-se de que Deus honra aqueles que confiam nele — aqueles que trabalham diligentemente para cumprir seu propósito na vida e nunca desistem.

Então, deliberadamente, faça da sua vida uma história inesquecível de força, fé e sucesso.

Capítulo 12

Conectando-se ao serviço

Use os talentos que você possui: os bosques seriam muito silenciosos se os únicos pássaros que cantassem ali fossem aqueles que cantam bem.
Henry van Dyke

Há um desejo ardente no coração do cristão que se rendeu a Jesus de causar impacto no mundo por intermédio de seus dons e talentos. Não podemos esperar ser membros efetivos do Corpo de Cristo se ficarmos sozinhos num canto. Aquele que se entregou completamente a nós exige que também nos tornemos servos em seu Reino.

Seja constante o amor fraternal. Não se esqueçam da hospitalidade, pois foi praticando-a que, sem saber, alguns acolheram anjos. Lembrem-se dos que estão na prisão, como se estivessem aprisionados com eles; dos que estão sendo maltratados, como se vocês mesmos estivessem sendo maltratados (Hebreus 13:1-3).

A QUESTÃO NÃO É VOCÊ

Eu chamo isso de "síndrome do umbigo". Todos nós sofremos disso de vez em quando. Alguns de nós somos vítimas crônicas dessa doença. Ficamos tão presos em nosso próprio mundinho, com nossos problemas e nossas questões, que nos esquecemos da existência de um mundo lá fora que não só está sofrendo, mas onde pessoas morrem todos os dias sem Jesus. Nem precisamos ir tão longe. As igrejas e os pequenos grupos estão cheios de pessoas sofrendo mais do que nós.

A última peça na construção de nossa Ponte da Fé é o serviço. Os cristãos que alcançam um ponto no qual sua fé é demonstrada em sua caminhada ficam ansiosos para servir aos outros com seus talentos e dons. Cristãos maduros exalam amor ao próximo e desapego ao servir humildemente aqueles que precisam. Servir ao próximo desvia nossos olhos dos nossos problemas e enche nosso coração de propósito e alegria.

CONECTANDO-SE AO SERVIÇO

Verdadeiramente, servir é uma parte crucial de uma vida de fé. Aprendi a alegria de servir e usar meus talentos para ajudar os outros muito antes de me tornar cristã.

Tinha apenas 10 anos quando comecei a lecionar.

Vamos chamá-la de Maria. Ela era nossa ajudante no lar. Foi criada numa fazenda, filha de um fazendeiro pobre que não tinha como levar os filhos à escola mais próxima. Quando descobri que ela não sabia ler nem escrever, a determinação encheu meu coração — minha amiga não permaneceria analfabeta! Então conversei com minha mãe, que era professora, e ela reuniu os materiais de que precisávamos para Maria e eu começarmos uma jornada juntas.

Todos os dias, depois da escola, eu terminava meu dever de casa e íamos para nossa *sala de aula* nos aposentos dela. Abríamos os livros, e eu escrevia com orgulho no quadro-negro, mostrando devagar um mundo totalmente novo, cheio de emoção e esperança para Maria.

Não me lembro de todo o processo e certamente os detalhes me faltam, mas, ao fim de seis meses, Maria sabia ler e escrever. Dentro do meu coração, muito além do orgulho, nasceu uma nova paixão. Eu ia ser professora! E ensinei nos anos seguintes, começando aos 14 anos, quando a escola de idiomas onde estudei inglês como segunda língua me convidou para fazer parte de sua equipe de professores. Isso deu início a uma jornada que durou muitos anos.

No entanto, por mais surpreendente que pareça, levei 16 anos depois de me tornar cristã para perceber que Deus queria usar meus talentos como professora e comunicadora em seu Reino.

> *Cada um exerça o dom que recebeu para servir aos outros, administrando fielmente a graça de Deus nas suas múltiplas formas (1Pedro 4:10).*

Tudo começou em 2006. Como compartilhei na introdução deste livro, estava grávida da minha filha mais nova quando me deparei com as palavras de Jesus em João 10:10: "Eu vim para que tenham vida, e a tenham plenamente." Essas palavras penetraram minha alma quando a verdade sobre minha vida espiritual veio à tona: eu não estava vivendo uma vida plena! Ia à igreja e lia minha Bíblia... de vez em quando. Mas havia um desejo dentro de mim que revelava haver mais na vida do que eu estava experimentando.

O fogo que acendeu meu espírito quando me entreguei a Cristo inicialmente não estava queimando como antes.

Foi então que comecei a pedir a Deus que mostrasse seu plano para minha vida e como usar meus talentos e dons espirituais para promover seu Reino. Então o conteúdo deste livro começou a crescer em meu coração.

Nos três anos seguintes, me aprofundei na Palavra, aprendendo mais sobre Deus e seus caminhos. E, conforme ia me aproximando do Senhor, fui sentindo um forte desejo de servi-lo de alguma forma. Eu só não sabia exatamente por onde começar.

Orei para que ele revelasse o que queria de mim. Até pedi a três dos meus amigos mais próximos que orassem por mim, tão forte era a impressão de que eu tinha um chamado divino para minha vida que ainda não estava claro.

Por muito tempo — dois anos para ser exata —, minhas orações por revelação continuaram sem resposta. Dentro de mim havia a certeza de que faltava alguma coisa, de que havia um propósito especial para minha vida que ainda não fora descoberto.

Se você é um cristão e tem um forte desejo de ser usado por Deus, mas não sabe para onde ir ou o que fazer — se tem um sentimento de incômodo em seu coração, como se estivesse perdendo algo importante —, permita-me dizer que acredito firmemente no seguinte: se Deus está lhe chamando para servi-lo de alguma forma, você não terá paz de verdade e alegria até descobrir o seu chamado.

Várias pessoas compartilharam comigo que sentem o Senhor sinalizando para que elas o sirvam, mas não sabem exatamente o que precisam fazer ou por onde começar. Se isso soa familiar, sei exatamente como você se sente e, embora evidentemente não possa dizer qual o chamado de Deus para sua vida, posso garantir que o anseio em seu coração tem um motivo, que não deve ser rejeitado.

Por experiência pessoal, gostaria de sugerir algumas coisas que acredito serem a razão ou as razões pelas quais às vezes não conseguimos entender exatamente o que Deus está nos dizendo quando se trata de ministério.

Paciência... pode não ser a hora certa ainda

Não nos cansemos de fazer o bem, pois no tempo próprio colheremos se não desistirmos (Gálatas 6:9).

Somos limitados por coisas que não limitam Deus, como o tempo e questões físicas. Quando se trata do plano divino para nossa vida, em geral ele precisa mover as peças e posicioná-las nos lugares certos para que possamos prosperar no que fomos chamados a fazer. O movimento e a mudança levam tempo. Por mais doloroso que seja esperar, devemos lembrar que Deus não fica de pés para cima, fazendo com que esperemos por prazer de nos ver sofrer. Isso não seria a natureza de um bom Pai. Na realidade, pode ser que você esteja esperando, mas Deus está sempre agindo.

Porque desde os tempos antigos ninguém ouviu, nenhum ouvido percebeu, e olho nenhum viu outro Deus além de ti, que trabalha para aqueles que nele esperam (Isaías 64:4).

Como o ministério ou serviço que Deus tem para você provavelmente envolverá outras pessoas, mais recursos e oportunidades certas, você deve se lembrar que, enquanto espera, Deus está posicionando as pessoas, os recursos e as oportunidades certas para você. Ele pode estar trabalhando no coração daqueles que o acompanharão, preparando-os para desempenhar seu papel. Pode estar movimentando recursos para fornecer os meios financeiros de que você precisará. Pode estar mudando o coração das pessoas (incluindo o seu) para que estejam prontas para quaisquer sacrifícios necessários.

Lembre-se de que a espera é um momento perfeito para conhecer Deus melhor. É uma ótima ocasião para aprender mais sobre seus dons e talentos espirituais pessoais, bem como para fazer uma avaliação honesta de suas limitações. E isso me conduz à segunda razão pela qual acredito que muitas vezes levamos mais tempo para ouvir a resposta de Deus.

É PRECISO ABRIR MÃO DE ALGUMA COISA!

Jesus dizia a todos: — Se alguém quiser vir depois de mim, negue-se a si mesmo, tome diariamente a sua cruz e siga-me. Pois quem quiser salvar a sua vida a perderá, mas quem perder a própria vida por minha causa a salvará (Lucas 9:23-24).

MAIS OU MENOS na mesma época em que comecei a sentir o Senhor tocando em meu coração para servi-lo em ministério, também me senti desconfortável com relação a um hábito.

Por muito tempo, pensei que a sensação de desconforto que acompanhava esse hábito era infundada; afinal, sabia que não era pecado. Independentemente disso, aquele sentimento não ia embora, e, quanto mais perto eu caminhava do Senhor, mais forte o desconforto se tornava.

Certo domingo, o pastor e autor Andy Stanley estava pregando como convidado em nossa igreja. Ele pregou sobre a história de Esaú. Todos nós sabemos que este forte caçador abriu mão de sua própria herança por um prato de sopa. Notícia velha... história triste. Pensei comigo mesma: "Já ouvi esse sermão antes." Mas eu estava errada! Andy Stanley tem um dom incrível para encontrar novas pepitas em passagens antigas e bem conhecidas das Escrituras. Ele nos pediu para abrir a Bíblia em Mateus 1, a genealogia do Messias. E aí lemos:

Registro da genealogia de Jesus Cristo, filho de Davi, filho de Abraão: Abraão gerou Isaque; Isaque gerou Jacó; Jacó gerou Judá e os seus irmãos (versículos 1-2).

Foi quando Andy parou, olhou para a congregação e disse: "Percebem que este versículo poderia ser lido assim: 'Jesus, o Messias, filho de Davi, filho de Abraão: Abraão foi o pai de Isaque, Isaque foi o pai de Esaú'? Por causa de um prato de sopa, Esaú abriu mão da herança que registraria seu nome para a eternidade na linhagem do Salvador do mundo."

A linhagem do Messias!

Ele então se dirigiu ao público e perguntou: "Qual é a sua sopa?"

Naquele momento, Deus falou alto ao meu coração. Não se tratava de certo ou errado, pecado ou não pecado. Deus estava me dizendo: "Você vai abrir mão?"

A questão era de obediência!

O que eu faria? Justificar ou obedecer, mesmo não entendendo?

Eu escolhi obedecer. Eu abri mão.

Menos de duas semanas depois, Deus me revelou que seu chamado para minha vida de ministério era como professora da Bíblia, palestrante e escritora. Assim nasceu o ministério Soaring with Him [Planando com Ele].

A obediência irrestrita era o último passo que Deus esperava de mim antes de revelar seu plano e seu propósito para minha vida.

Pode haver um hábito (ou pecado) que esteja impedindo o Espírito de trabalhar livremente em sua vida.

Se você está lendo este livro e algo continua surgindo em sua mente, por favor, não ignore. Há uma razão para esse desconforto. Deus ama você e quer usar sua vida, mas algo precisa acontecer. Pode ser um hábito, como fofocar ou julgar. Pode ser que alguém tenha lhe machucado e você precise perdoá-lo. Seja o que for, Deus está deixando você desconfortável por um motivo. Ele não pode usar um vaso sujo ou um espírito relutante. Seu trabalho exige sacrifício de coisas que amamos, e certamente requer um coração disposto a ser moldado e mudado.

Por mais difícil que às vezes seja mudar ou desistir de coisas que nos são preciosas, a bênção e a alegria que só são encontradas quando você está no centro da vontade de Deus excedem em muito qualquer prazer na vida.

Você precisa dar esse primeiro passo

Uma segunda razão pela qual Deus pode ainda não ter revelado o chamado para sua vida é se ele lhe disse para dar um pequeno passo e você o ignorou.

Pode ter acontecido quando sua igreja anunciou que o ministério infantil precisava de obreiros e você se sentiu inclinado a se voluntariar, mas nunca o fez.

Pode ser que você tenha se sentido compelido a participar de uma reunião informativa sobre missões em sua igreja, mas desistiu porque se sentiu inadequado.

Pode ser que seu coração se encha de alegria quando o coral de sua igreja ou a equipe de louvor canta, mas você decidiu que não pode adicionar outro compromisso à sua programação.

O que quer que esteja incomodando seu coração, descartar a ideia é como dizer a Deus que você não está disposto ou disposta a sacrificar algo em sua vida; ou, por ter medo, está negando o poder ilimitado de Deus, que pode capacitar você a fazer qualquer coisa para a qual ele lhe chamar.

Se Deus chama, ele revela. Se ele revelar a você, então mostrará se algo em sua vida precisa mudar. Se mostrar, lhe dará força e coragem para obedecer. Quando você estiver pronto, ele o guiará passo a passo e o capacitará. No entanto, Deus precisa que você diga "sim" e dê o primeiro passo de obediência.

Insisto: não desperdice outro dia.

Deus não revelará toda visão para a sua vida. Se fizesse isso, você se sentiria pressionado. Ao dar um passo de cada vez, o Senhor revelará seu plano para sua vida e enviará as pessoas e os recursos necessários para cumprir o seu chamado. Eu sei que vai. Eu já vi isso acontecer.

Não se detenha por medo ou sentimentos de inadequação

Quando Deus me revelou que eu deveria escrever e falar para mulheres nos Estados Unidos, pensei em Moisés. Eu poderia me identificar completamente com ele e seus sentimentos de inadequação. Ao receber a instrução divina para falar com o Faraó, ele sentiu o peso de sua limitação pressionando os ombros:

Moisés, porém, disse ao Senhor: — Se me permites, Senhor, nunca tive facilidade para falar, nem no passado nem agora que falaste ao teu servo. Tenho muita dificuldade para falar! (Êxodo 4:10).

Diante do chamado para escrever e falar com mulheres em inglês, minha segunda língua, foi exatamente assim que me senti.

"E quanto ao meu sotaque, Senhor? As pessoas podem não me entender. Eu não tenho um diploma de inglês. Eu não sou uma escritora. Eu nem sou daqui!"

Mas Deus não viu minha deficiência.

Ele viu sua onipotência. E viu meu coração rendido a ele.

O resto é história.

Mas Deus escolheu os que são loucos para o mundo a fim de envergonhar os sábios, e os que são fracos para o mundo a fim de envergonhar os fortes. Deus escolheu as coisas insignificantes do mundo, os desprezados e as coisas que não são para invalidar as que são, a fim de que ninguém se vanglorie diante dele (1Coríntios 1:27-29).

Deus abriu portas que eu nunca sonhei. Tenho uma coluna no maior jornal do Sul dos Estados Unidos desde 2012. Fui convidada para falar para o público americano em muitos lugares. O manuscrito deste livro foi rejeitado apenas três vezes antes de ser aceito pelo meu editor estadunidense, e imediatamente pelo editor brasileiro. (Qualquer um que tenha escrito um livro e tentado publicá-lo sabe como isso é improvável.)

Meus artigos e devocionais agora aparecem em duas das maiores plataformas de conteúdo cristão do mundo. Eu sou chamada semanalmente para entrevistar escritores, atores e produtores famosos no meio cristão. Entre eles, os maravilhosos atores do *The Chosen*, Jim Caviezel, de *A paixão de Cristo* e *Som da Liberdade*, Max Lucado, os Kendrick Brothers. E os convites continuam chegando. Eu fico maravilhada com as portas que Deus tem aberto!

Tudo isso aconteceu depois de um simples "sim" à obediência e ao primeiro passo que o Senhor mostrou que eu precisava dar.

Não posso reivindicar nada disso. Como Moisés, muitas vezes me sinto fraca, inadequada, pequena. Mas é aí que me lembro de que meu Deus é ilimitado, onipotente e onisciente. Minhas inadequações se tornam ferramentas que ele usa para surpreender o mundo. Se eu posso, qualquer um pode.

Eu oro para que você crie coragem a partir dessa verdade.

Não estou dizendo que será fácil. Quando você for chamado para o ministério, tenha certeza de que será testado e provado. Passará por dificuldades, vales e adversidades. Descobrirá quem são seus verdadeiros amigos. E vai doer.

Mas posso garantir o seguinte: quando você está fazendo a obra de Deus, há uma alegria e uma paz que não encontrará em nenhum outro lugar, independentemente de suas circunstâncias.

Posso falar com a experiência de alguém que conheceu a realização profissional no mundo secular. No entanto, posso dizer honestamente que nunca na vida encontrei mais realização do que a partir do momento em que dei um passo de fé e disse "sim" ao ministério que Deus me chamou para conduzir.

Há algo inexplicável que acontece quando fazemos a obra de Deus neste mundo. Preenche uma lacuna em seu coração como nada mais fará.

Além disso, quando o último capítulo da sua vida terminar, não importará o título que você tinha, o cargo de direção, onde morou ou o tamanho do seu portfólio. Todos nós sabemos que você não levará nada disso para o Céu. Mas o que fez por Cristo permanecerá para sempre e continuará a impactar o mundo depois que você se for.

Pense nisto: se Deus usou uma pedrinha na funda de Davi para derrubar o gigante e se ele usou as mãos voluntárias de Moisés para abrir as águas do Mar Vermelho, não há dúvida de que pode usar você.

Mas a pergunta é: você está pronto e disposto?

Outra pergunta importante é: você está conectado ou conectada a uma igreja? Melhor ainda: você está vinculado à igreja certa, onde o conhecimento de Deus e a fé podem crescer, e seus dons e talentos podem ser usados?

IGREJA: IR OU NÃO IR, EIS A QUESTÃO

NÃO PUDE RESISTIR: tive de divertir vocês com uma pequena adaptação da famosa fala de abertura do terceiro ato de *Hamlet*, de William Shakespeare. Nesse monólogo, Hamlet luta para saber se deve ou não se matar por causa dos eventos que o deprimiram muito.

Não consigo deixar de pensar em alguns cristãos que conheço que pararam de frequentar a igreja regularmente. Muitos deles deixaram de amadurecer na fé. Outros se sentem desanimados, derrotados e até deprimidos. Há ainda os que estão vivendo uma vida mundana e sem sentido. Eu realmente acredito que "ir ou não ir" é uma questão de vida ou morte (espiritual) para todos os cristãos.

É na igreja que somos ensinados a seguir os caminhos de Deus (1Coríntios 12:31). É lá que podemos esperar sentir o desconforto quando confrontados com o pecado. É lá que temos a grande oportunidade de usar nossos dons espirituais para o Reino de Deus na Terra.

> *Não deixemos de reunir-nos como igreja, segundo o costume de alguns, mas encorajemo-nos uns aos outros, ainda mais quando vocês veem que se aproxima o Dia (Hebreus 10:25).*

Não podemos esperar ser membros efetivos do corpo de Cristo se ficarmos sozinhos num canto. Deus nos chamou para nos reunirmos e sermos instruídos em sua Palavra:

> *Ora, como o corpo é somente um, mas tem muitos membros, todos os membros do corpo, embora sejam muitos, são um só corpo. Assim também é Cristo (1Coríntios 12:12).*

Mas onde encontrar uma boa igreja?

Muitas vezes, a pergunta certa para o cristão que deseja crescer no amor, na devoção e no conhecimento de Deus não é se deve ou não ir à igreja. Em vez disso, é para qual deve ir. A igreja não deve atrair você como um mero clube social nem deve ser um lugar onde buscamos apenas nos divertir.

Sendo assim, como sabemos para onde ir? Gostaria de sugerir algumas coisas a serem consideradas no momento de escolher uma igreja local para congregar.

Oração

A primeira coisa que um cristão deve fazer é orar e pedir a Deus que lhe mostre qual igreja deve frequentar. Deus está disposto a mostrar a seus filhos a congregação na qual eles serão mais eficazes. Existem diversas igrejas maravilhosas por aí, mas há uma que fará você se sentir em casa. Ao visitar igrejas que seus amigos frequentam ou perto de casa, peça a Deus que revele qual você deve frequentar. Ele certamente atenderá seu pedido.

Pregação

Se você deseja se tornar um cristão maduro e eficaz, é importante que esteja conectado a uma igreja cujo pastor acredita na Palavra de Deus em sua totalidade. Não deve haver espaço para concessões. Um bom pastor prega a Palavra de Deus e não omite nenhuma de suas verdades. De fato, Deus não poderia ser mais claro em relação à sua aversão por aqueles que acrescentam ou cortam o conteúdo de sua Palavra. Acho curioso que ele tenha deixado essa instrução detalhada em dois dos últimos versículos da Bíblia antes de encerrar sua revelação para a igreja. Ouça a palavra dura de Deus para aqueles que "acrescentam e cortam" de sua Santa Palavra:

> *Declaro a todos os que ouvem as palavras da profecia deste livro: se alguém lhe acrescentar algo, Deus lhe acrescentará as pragas descritas neste livro. Se alguém tirar alguma palavra deste livro de profecia, Deus tirará dele a sua parte na árvore da vida e na cidade santa, que estão descritas neste livro (Apocalipse 22:18-19).*

Também sou muito cética em relação a pastores cujos sermões são cheios de autoajuda e teologia de bem-estar.

É claro que um pastor deve exortar seu rebanho e encorajá-lo com as maravilhosas promessas da Palavra de Deus; porém, se a pregação nunca convence a pessoa de seus pecados e se o ensinamento não estimula a conhecer Deus de maneira mais profunda, eu diria: "Continue procurando!"

> *Pois a palavra de Deus é viva, eficaz e mais afiada que qualquer espada de dois gumes. Ela penetra a ponto de dividir alma e espírito, juntas e medulas, e é apta para julgar os pensamentos e as intenções do coração (Hebreus 4:12).*

Missões

UMA IGREJA QUE ensina a Bíblia é uma igreja missionária. Ela estará altamente envolvida em missões e chamará você para se envolver de alguma forma, seja indo para o campo missionário, seja orando ou doando. A Grande Comissão não era uma opção para os discípulos de Cristo, mas um mandamento do próprio Salvador:

> *Então, Jesus se aproximou deles e lhes disse: —
> Toda a autoridade me foi dada nos céus e na
> terra. Portanto, vão e façam discípulos de todas as
> nações, batizando-os em nome do Pai, do Filho e
> do Espírito Santo, ensinando-os a obedecer a tudo
> o que eu ordenei a vocês. E eu estarei sempre com
> vocês, até o fim dos tempos (Mateus 28:18-20).*

OS PERIGOS DE UMA VIDA INFRUTÍFERA

SE QUISERMOS CONSTRUIR e manter uma forte Ponte da Fé, se quisermos experimentar a vida plena que Cristo prometeu a seus seguidores, uma vida frutífera não é uma opção, mas uma necessidade. Servir é outro elemento-chave na construção de uma fé sólida. Além disso, uma vida cristã infrutífera é perigosa. Jesus contou uma parábola para ilustrar o ponto de vista de Deus a respeito do fruto que seus filhos deveriam produzir e o perigo de uma vida infrutífera:

> *Então, contou esta parábola: — Um homem tinha
> uma figueira plantada na sua vinha. Foi procurar
> fruto nela, mas não achou nenhum. Por isso, disse ao
> que cuidava da vinha: "Já faz três anos que venho
> procurar fruto nesta figueira e não acho. Corte-a!
> Por que deixá-la ocupar a terra?" — O homem
> respondeu: "Senhor, deixe-a por mais um ano, e eu
> cavarei ao redor dela e a adubarei. Talvez dê fruto
> no futuro; caso contrário, corte-a" (Lucas 13:6-9).*

Quando menina, durante todo o ano eu contava os meses até o verão. Morava na cidade e passava todas as férias de verão num sítio da minha avó, perto de uma baía de água salgada. Tenho boas lembranças daqueles dias. A maioria das memórias felizes envolveu a liberdade que tínhamos e a abundância de frutas frescas e peixes disponíveis ao alcance da mão.

Lembro-me de estar sentada debaixo de uma figueira e descansar à sua sombra com meus primos. Estendíamos a mão e pegávamos um figo suculento para o lanche. Ainda me lembro de como eram lindos e saborosos, e até do cheiro dessa fruta perfeita. Curiosamente, aquela figueira não foi plantada em nenhum lugar especial nem foi cultivada por ninguém. Na verdade, estava à beira de uma estrada de terra, no meio do nada, sozinha.

Plantada em boa terra, a árvore dava bons frutos. Ouso dizer que a pequena estrada que corria ao lado da árvore foi construída em torno dela para que a árvore frutífera não tivesse de ser cortada.

Em contraste com a figueira da minha infância, aquela descrita em Lucas 13 é cuidada pelo Dono, amada por ele e, ainda assim, permanecia estéril havia anos. A parábola é uma figura de Deus Todo-Poderoso no relacionamento com seus filhos. O Dono da videira é Deus. A vinha é seu Reino — o Reino da verdade e justiça que ele tem estabelecido na Terra por meio de seu povo desde a aliança com Abraão. Israel e os crentes gentios são a figueira que Deus plantou em sua vinha. Jesus é o Agricultor.

Observe que esta árvore foi plantada pelo Proprietário, não por acaso, mas de propósito. A árvore é você e sou eu. Uma figueira em um vinhedo. Uma estranha árvore aparentemente no lugar errado, diferente por desígnio divino e, infelizmente, infrutífera por opção:

> *Por isso, disse ao que cuidava da vinha:*
> *"Já faz três anos que venho procurar*
> *fruto nesta figueira e não acho. Corte-a!*
> *Por que deixá-la ocupar a terra?"*

Os três anos mencionados na parábola são significativos. O número 3 na Bíblia exprime completude. Israel teve várias chances de se redimir em três fases diferentes de sua história: (1) pela lei; (2) pelos profetas; e (3) por Cristo. E, quando o Dono vem em busca de frutos de arrependimento e mudança, ele encontra uma árvore sem frutos. Assim, ainda infrutífera, a árvore não está apenas no caminho — ela está tomando espaço de outras árvores que, se plantadas naquele solo, poderiam dar muito fruto no Reino de Deus.

A árvore, então, passou a ser não somente infrutífera; mas uma má influência para o mundo ao seu redor, que a está observando. Deveria ser cortada.

Deus voltará para sua colheita. Quando ele vier, o que encontrará?

O meu Pai é glorificado pelo fato de vocês darem muito fruto; e assim serão meus discípulos (João 15:8).

A árvore da parábola está viva. Ela extrai substância suficiente do solo para evitar que morra. Retira a umidade do solo ao redor e recebe a chuva e o sol do céu. Essa árvore não é uma referência a um incrédulo, estranho às bênçãos e à plenitude da graça, à provisão e ao amor de Deus. Em vez disso, essa árvore exemplifica o cristão que recebeu nutrição e provisão de Deus e, mesmo assim, não dá frutos e não procura servir aos outros.

A árvore recebe, mas não compartilha. É alimentada, mas não alimenta. Trata-se do cristão que é ministrado, mas não procura ministrar aos outros. Tem dons e talentos dados por Deus, mas está apenas sentado nos bancos, buscando "ser abençoado". É também uma representação do cristão que se apega a hábitos e estilo de vida pecaminosos, mantendo um pé no mundo e outro na igreja.

Deus não pode e não vai usá-lo efetivamente.

Estou escrevendo muito sobre minha experiência. Como mencionei antes, algum tempo depois de minha salvação, deixei a paixão por Cristo, que uma vez envolveu toda a minha vida, esfriar em meu coração. E assim fiquei, na esquina da vinha, dando pouco fruto, compartilhando pouco, sendo alimentada, mas sem oferecer nada, mantendo os dons que Deus me deu dentro da esfera de autosserviço da vida e dos relacionamentos. Na época, eu não entendia o porquê da inquietação em meu espírito, a impressão de que faltava algo muito importante na minha vida.

Agora sei o que o Dono do vinhedo havia decretado a meu respeito: CORTE!

Quanto a você eu não sei, mas conheço vários cristãos que podem se identificar com a minha história — vivendo em derrota, ao invés de desfrutar da vida vitoriosa e plena que Jesus prometeu.

Não estou absolutamente me referindo aos cristãos fiéis que passam por momentos difíceis. Como expliquei no capítulo 7, os vales fazem parte da nossa caminhada e é neles que temos a oportunidade de nos aproximar do Pai.

Estou falando de pessoas que vivem uma vida vazia, retratando comportamentos negativos e atitudes de derrota, mesmo quando tudo está indo bem.

Acredito firmemente que a inquietação e o vazio muitas vezes são o peso da sentença que Deus está dando: "CORTE! Afaste-os da minha paz, afaste-os de minha orientação, afaste-os da verdadeira comunhão comigo."

Assim, vemos essas pessoas participando da igreja, recitando os versículos certos, cantando músicas de louvor. Mas, no fim das contas, sua paz e sua alegria não são profundas.

Não é de se admirar. Dentro desses irmãos cristãos habita o Espírito Santo de Deus, que está pronto e disposto a capacitá-los a ser o que Deus planejou que fossem, mas vem sendo impedido pela pessoa que não está disposta a servir ou entregar sua vida completamente.

Mais um ano. Graça, mais uma vez

Na parábola, assim que a sentença é pronunciada, o Agricultor (Jesus) implora ao Dono (Deus): "Senhor, deixe-a por mais um ano, e eu cavarei ao redor dela e a adubarei. Talvez dê fruto no futuro; caso contrário, corte-a."

Sob o cuidado misericordioso de Cristo, Deus nos permite outro período de arrependimento, reforma, renovação do coração e da vida. Trata-se de uma oportunidade sagrada para seus filhos — uma oportunidade que não devemos negligenciar.

Que possamos ouvir sua voz e sondar nosso coração, pois, se não o fizermos, a palavra de condenação divina será pronunciada e perderemos nosso lugar de bênção no Reino de Deus.

Gostaria de descartar qualquer mal-entendido sobre a salvação. Acredito firmemente que, uma vez salvo, Deus não pode cortar você de seu dom eterno de salvação. A Bíblia está cheia de versículos para apoiar essa verdade (João 10:27-29; João 6:37; João 10:28; João 5:25; Romanos 11:29; 2Coríntios 1:22, para citar alguns). De fato, a salvação é um dom que não pode ser perdido. No entanto, a desobediência deliberada e a negligência em ser usado por Deus é certamente um convite para permanecer infrutífero e perder a incrível vida plena que Cristo morreu para lhe proporcionar.

Há mais na vida e na eternidade do que apenas buscar ser abençoado e, finalmente, ir para o Céu. A eternidade começa no momento em que aceitamos Cristo como nosso Salvador. A jornada para a eternidade tem início com o arrependimento e será coroada com a nossa fidelidade à sua Palavra e as obras que realizamos aqui na Terra em nome dele.

Que fruto você tem para mostrar ao Dono da videira? Sua vida reflete a alegria e a paz daqueles que vivem no centro da vontade de Deus, mesmo em meio à provação mais difícil?

Se você fosse sincero sobre sua vida, poderia dizer que dá frutos e oferece sombra para as pessoas que estão ao seu redor?

Você conhece seu(s) dom(ns) espiritual(is)?

Está orando e pedindo a Deus para mostrar como pode usar seus dons para a glória dele?

Existem coisas na sua vida que poderiam ser uma pedra de tropeço se alguém procurasse sua orientação e ajuda?

Se assim for, exorto você a entregar sua vida diante do trono de Deus. Descubra quais são seus dons espirituais; ore por discernimento, desista de todas as coisas que o estão impedindo de ser tudo o que Deus planejou para você.

Eu garanto que experimentará uma paz e uma alegria maiores e melhores do que qualquer coisa que este mundo possa oferecer. Você terá uma sensação de completude e será eficaz como nunca antes.

As bênçãos que são derramadas quando escolhemos dizer "sim" a Deus são ilimitadas. Você descobrirá dons e talentos que nem sabia ter! Além disso, quando o Agricultor voltar para inspecionar sua vinha, sua vida dará belos frutos para a glória dele.

Jesus sorrirá para você e dirá: "Muito bem, servo bom e fiel! Você foi fiel no pouco; eu o porei sobre o muito. Venha e participe da alegria do seu senhor!" (Mateus 25:23).

O prêmio final de servir aos outros em nome de Jesus é incomensurável: saber que sua vida está sendo usada para mudar o destino de alguém ou para ajudar um irmão ou uma irmã que necessita de amor e direção deste lado da eternidade. Esses são os "tesouros nos céus, onde a traça e a ferrugem não destroem e onde os ladrões não arrombam nem furtam" (Mateus 6:20).

Conclusão

Manutenção contínua

*Cuidado com seus pensamentos, pois
eles se tornam palavras.
Cuidado com suas palavras, pois elas se tornam ações.
Observe suas ações, pois elas se tornam hábitos.
Cuidado com seus hábitos, pois
eles se tornam seu caráter.
E observe seu caráter, pois ele se torna seu destino.
Em que pensamos, nós nos tornamos.
Meu pai sempre disse isso... e acho que estou bem.*
Margaret Thatcher

Quase dezoito anos. Esse é o tempo que se passou desde que olhei para a minha Bíblia, imaginando como encontrar a vida plena que Jesus me prometia em João 10:10. Dezoito anos desde o momento em que comecei a perceber que a vida tinha de ser mais do que viver em uma montanha-russa de emoções, sentindo alegria num dia e depressão no outro. Dezoito anos desde que comecei a perceber que uma fé fervorosa é mais do que um presente de Deus — é também uma busca pessoal deliberada. Dezoito anos desde que embarquei na jornada para construir a ponte entre como me sinto e o que sei sobre meu Deus — a minha Ponte da Fé entre a mente e o coração.

Não seria ótimo se o processo fosse fácil? Não seria maravilhoso se pudéssemos apenas seguir os passos 1, 2, 3 e pronto! Teríamos uma Ponte da Fé funcionando, pronta e forte.

No entanto, assim como qualquer construção na Terra, seja um edifício, seja nossa Ponte da Fé, é necessário fazer manutenções constantes e manter vigilância contínua. Devemos garantir que resista às fortes tempestades da vida e também ao peso que o mundo nos impõe, com suas iscas e armadilhas.

O propósito desta Conclusão é mostrar a você que o processo nunca termina. É encorajá-lo a se comprometer a observar continuamente suas palavras, suas ações, seus hábitos e seu caráter para garantir que sua ponte de 30 centímetros entre a mente e o coração permaneça forte.

Da mesma forma, devemos lembrar que, como em qualquer processo de mudança de velhos hábitos, é necessário tempo, resistência e disciplina para que nosso coração aprenda a fazer a ponte entre o que sentimos e o que sabemos sobre o nosso Deus instintivamente.

Não vamos acordar um dia como campeões da fé. Sou cristã há 30 anos e demorei muito tempo para conhecer os passos que devo dar para impedir que as emoções comandem minha vida, e sei, com certeza, que ainda estou aprendendo. A diferença é que conheço o processo que dividi neste livro e tenho provas de que é verdadeiro e eficaz.

O pai da ex-primeira-ministra britânica Margaret Thatcher ensinou a ela um princípio que encontramos em todas as escrituras: a importância de cuidarmos de nossos pensamentos. Se não fizermos isso, abrimos a porta para uma avalanche de más decisões e derrotas.

No fim das contas, para manter uma Ponte da Fé sólida é preciso treinar a mente a dominar os nossos sentimentos, daí a importância de passar tempo com Deus em oração e não apenas lendo, mas estudando profundamente sua Palavra. Quanto mais o conhecemos, mais nosso coração acredita nele. Quanto mais acreditamos nele, mais somos capazes de lutar contra as mentiras do diabo e do mundo.

Se já houve um momento na História em que precisamos ter mais certeza da verdade, esse momento é agora. O mundo está inundado pelo relativismo hoje em dia, e um cristão que não tem certeza daquilo em que acredita está fadado a cair na armadilha de acreditar que tudo vale e que Deus aceita qualquer coisa.

Sem dúvida ele nos aceita como somos, mas não deseja que permaneçamos os mesmos. Como Paulo escreveu aos santos em Roma, um lugar muito semelhante à nossa sociedade atual:

Pois aqueles que de antemão conheceu, também os predestinou para serem conformes à imagem do seu Filho, a fim de que ele seja o primogênito entre muitos irmãos (Romanos 8:29).

"Para serem conformes...", ele escreveu. Não acontece num passe de mágica. É um processo. Deus nos predestinou, sonhou que nos tornássemos mais semelhantes a Jesus. Não podemos fazer isso e continuar sendo quem éramos, dominados pelos apelos da carne.

"Seja santo", o Senhor diz ao longo das Escrituras. É uma escolha nossa.

"Seja paciente, confie em mim", ele diz em toda a sua Palavra.

O que você pode fazer é ensinar o seu coração a confiar. E esperar. Pode fazer escolhas que ajudarão você a permanecer puro.

Se conseguir entender que cada mudança no processo é uma decisão deliberada, isso será um ótimo ponto de partida.

Esteja sempre vigilante, pois as provações continuarão até o dia da sua morte. As tentações não são vencidas da noite para o dia. O tentador conhece a sua fraqueza e não vai desistir de transformá-lo em um cristão medíocre e infrutífero.

Gostaria de falar sobre a manutenção da nossa vida de oração.

Esteja alerta para a estática espiritual

O LOCUTOR DE rádio chamou minha atenção. O assunto era intrigante. Seus argumentos, apaixonados e convincentes. Eu estava ouvindo a entrevista havia cerca de 15 minutos, esperando uma determinada parte do programa. Após os comerciais, o apresentador continuou a entrevista e fez ao convidado a pergunta que eu esperava ouvir. Aumentei o volume e inclinei minha cabeça em direção ao alto-falante.

A próxima coisa que ouvi foi uma sequência de guinchos e ruídos estridentes, apagando qualquer chance de entender a tão esperada resposta. Girei o botão do rádio para a frente e para trás, sem sucesso. Quando o programa finalmente voltou a ser audível, a entrevista havia terminado. A estática do rádio tinha enchido o ar, não permitindo que eu entendesse a parte mais importante da entrevista.

Você já experimentou isso em sua vida espiritual? Você pode estar ansioso para ouvir a voz de Deus, mas tudo o que ouve é estática. Pensamentos aleatórios invadem sua mente. Um silêncio indesejado permeia a sala. Você boceja, sentindo-se sonolento de repente. Em vez da voz de Deus, você ouve sons diferentes. Frustrante, não?

A "estática" espiritual é uma realidade para todos os cristãos. Em alguma parte da nossa jornada com Deus, todos passamos por momentos em que parecemos ter perdido a conexão com o Pai. Algumas vezes, isso quer dizer apenas que Deus está silenciosamente esperando pelo momento certo de revelar seus planos. Outras vezes, sua presença quieta é como um abraço amoroso. Durante esses momentos, seu silêncio não nos frustra. Nosso coração parece identificá-lo. Deus quer que aproveitemos o silêncio de sua presença amorosa.

Entretanto, existem fases que passamos quando o nosso tempo com Deus é interrompido por agitação e falta de paz. Ao invés de desfrutar de forma silenciosa sua presença, sentimos vontade de levantar da cama e começar nosso dia sem orar ou ler a Bíblia.

Você consegue se identificar com isso? Na verdade, é tentador descartar tal desconexão e continuar com a vida como a conhecemos, mas não deveríamos. Na verdade, o que aprendi é que, nessas horas, preciso levantar a bandeira vermelha de alerta e sondar meu coração. Algo está errado. A conexão foi perdida.

Invariavelmente, quando a interrupção na comunicação é seguida pela falta de paz, a culpa é minha. Jesus alertou seus discípulos sobre o perigo de não obedecerem a seu comando quando disse:

> *Por que vocês me chamam "Senhor, Senhor" e não fazem o que eu digo? Eu mostrarei a quem se compara aquele que vem a mim, ouve as minhas palavras e as pratica. É como o homem que, ao construir uma casa, cavou fundo e colocou os alicerces na rocha. Quando veio a inundação, a torrente foi contra aquela casa, mas não a conseguiu abalar, porque estava bem construída. Aquele, porém, que ouve as minhas palavras e não as pratica é como o homem que construiu uma casa sobre o chão, sem alicerces. No momento em que a torrente foi contra aquela casa, ela caiu, e a sua destruição foi completa (Lucas 6:46-49).*

De fato, sempre que experimentamos estática espiritual durante o tempo de oração, a melhor atitude a tomar é encontrar um lugar tranquilo e pedir a Deus que nos mostre o que está nos impedindo de ouvir sua voz.

Pode ser que, como Davi antes do arrependimento, tenhamos pecados não confessados. Talvez um pecado oculto que nos mantenha escravizados à imoralidade ou ao vício. Também podem ser os pecados do coração, aqueles sentimentos às vezes até sutis que permitimos criar raízes em nossa vida, afetando tudo, inclusive o relacionamento com o Senhor: sentimentos de orgulho, inveja, ódio, falta de perdão, entre outros. Como discutimos em um capítulo anterior, esses *monstrinhos* tornam-se fortalezas que criam enormes ondas de estática espiritual até que os identifiquemos e permitamos que Deus os extermine para sempre.

Mas há um culpado mais sutil. Esse aliado da estática espiritual pode se infiltrar em nosso coração sem que percebamos: adiar a obediência. Há pouco tempo, silêncio e inquietação acompanhavam meu tempo de oração por estar adiando obedecer a Deus e eu nem sabia!

Finalmente decidi chegar ao fundo disso. Ao me retirar para orar, procurando abertamente no coração por qualquer pecado oculto, honestamente não consegui encontrar nada. No entanto, tive a forte sensação de que Deus queria me mostrar algo.

E assim ele fez.

Várias semanas antes, Deus tinha me incumbido de algumas tarefas que, sinceramente, eu não queria realizar. Usando a falta de tempo como desculpa, continuei evitando o assunto dia após dia e procrastinando a obediência. "Vou fazer isso", pensei, "mas não hoje".

Naquela manhã, enquanto eu orava, Deus me mostrou exatamente o que ele pensa sobre obediência tardia. Ele me lembrou de como me sinto quando peço a nossas filhas que limpem seus quartos uma, duas ou três vezes, sem sucesso. Tive uma visão de seus quartos bagunçados e da frustração e da raiva que surgem cada vez que elas não cumprem suas tarefas.

Foi aí que percebi: como o Pai pode me mostrar o próximo passo se eu não cumprir as pequenas tarefas que ele me dá? Os mandamentos de Deus não são opcionais. Eu estava desobedecendo a ele.

Haverá dias em que você certamente sentirá ter perdido a conexão com o Pai, suas orações parecerão não passar do teto. Sugiro que, nesses dias, você peça a Deus para lhe mostrar se há algo que você está evitando fazer. Eu garanto: ele vai te mostrar. E, quando ele o fizer, levante, não tente racionalizar, não postergue a obediência. Mesmo que não faça sentido, vá em frente.

Esteja alerta para as advertências do Espírito Santo

Visitamos o Sea World em Orlando pela primeira vez no verão passado. Era hora do show fantástico da baleia Shamu ao fim de um dia agitado. Sentei-me no topo da arena onde, no meio do show, eu observei, curiosa, as pessoas subirem correndo as escadas, arrastando suas sacolas, suas câmeras e seus bebês chorando. Alguns tinham um sorriso estranho no rosto; outros pareciam surpresos por perceberem que estavam completamente encharcados. Outros obviamente não acharam muito divertido se molhar.

Olhei para o lado oposto da arena e percebi que os assentos das primeiras filas, tão cobiçados antes do início do show, estavam vazios agora. Shamu e seus amigos fizeram o melhor que podiam com suas barbatanas e, de fato, deram um banho em todos os que estavam sentados nas primeiras vinte fileiras. Não sei ao certo qual parte do show foi mais divertida: as piruetas das baleias assassinas ou as diversas reações de suas vítimas encharcadas.

As pessoas que fugiram dos assentos molhados podem ter tido reações diferentes ao desempenho brincalhão de Shamu; no entanto, todas elas tinham uma coisa em comum: foram avisadas com antecedência de que iriam se molhar. "Zona de Encharcamento", alertavam as placas. No entanto, ao observar o semblante delas enquanto fugiam do alcance da água, parecia que elas não tinham ideia alguma do que estava por acontecer.

Essa situação engraçada me fez pensar em como muitas vezes reagimos aos sinais de alerta do Espírito Santo. Posso me lembrar de muitos momentos de "primeira impressão" no meu passado e perceber que não prestei atenção ao sinal "Zona de Encharcamento" inúmeras vezes.

Consegue se identificar? Pode ter sido aquela pessoa com quem você nunca deveria ter feito amizade. Ou o cara que você nunca deveria ter namorado. Pode ter sido a negociação que lhe deixou desconfortável. Ou a sensação estranha na boca do seu estômago, dizendo para recuar de uma situação. Com frequência, minhas primeiras impressões provaram estar corretas. Ainda assim, eu as ignorei várias vezes no passado.

Contudo, o Conselheiro, o Espírito Santo, que o Pai enviará em meu nome, ensinará a vocês todas as coisas e fará com que se lembrem de tudo o que eu disse (João 14:26).

Quando Jesus pediu ao Pai que nos enviasse o Ajudador, recebemos a ferramenta de vida mais incrível que alguém poderia pedir. E uma ferramenta poderosa, indispensável na construção de uma poderosa Ponte da Fé.

O Espírito Santo é, de fato, nosso Ajudador nas provações da vida e quando temos que tomar decisões difíceis. É o Espírito Santo que nos conforta quando estamos sofrendo e nos guia para discernir e entender as Escrituras.

Ele também é a voz que nos avisa quando estamos prestes a entrar em uma situação perigosa ou comprometedora. Ele é o amor de Deus e o conhecimento de Deus, sabe exatamente onde cada caminho que tomamos nos levará. Está sempre presente para nos mostrar para onde ir e quais situações e lugares evitar. Como Charles Spurgeon explica magistralmente em seu livro *O poder do Espírito Santo*:[18]

> *Não há homem nascido neste mundo de forma natural que tenha a verdade em seu coração. Não há nenhuma criatura formada desde a Queda que tenha um conhecimento inato e natural da verdade.*

E ele prossegue:

> *O caminho da verdade é muito difícil. Se você pisar um centímetro para a direita, cometerá um erro perigoso, e, se desviar um pouco para a esquerda, estará igualmente na lama. Por outro lado, há um enorme precipício e, do outro lado, um pântano. A menos que se mantenha na linha certa, na espessura de um fio de cabelo, você se perderá. A verdade é um caminho estreito, de fato.*

O papel do Espírito Santo é nos guiar em toda a verdade.

Assim, sempre que você sentir aquela inquietação no fundo da sua alma sobre uma pessoa, um lugar ou uma decisão que está prestes a tomar, eu lhe desafio a parar. E, antes de optar por desconsiderar a placa "Zona de Encharcamento", lembre-se de que o Espírito Santo sabe exatamente o que você encontrará quando chegar lá.

---

18 SPURGEON, Charles. *O poder do Espírito Santo*, domínio público.

Há uma razão para a falta de paz, e não é simples intuição. Não se você é um filho de Deus! É o Senhor, o Espírito Santo, avisando que há perigos ou circunstâncias desagradáveis à frente.

Lembre-se: a "paz que excede todo o entendimento" é o sinal verde mostrando que você pode prosseguir. Não se mova, a menos que você a sinta.

> *Então, a paz de Deus, que excede todo o entendimento, guardará o coração e os pensamentos de vocês em Cristo Jesus (Filipenses 4:7).*

Gostaria de chamar sua atenção para outro elemento perigoso que muitas vezes se insinua quando começamos a amadurecer nossa fé, especialmente quando o chamado de Deus para a vida se torna claro e damos um passo à frente, pela fé, para servir em algum tipo de ministério. O perigo por trás desse elemento específico é que ele se insinua sem dar sinais externos. É um problema de coração.

E problemas *cardíacos* são os mais mortais.

ORGULHO: PODEROSO ELEMENTO DE CORROSÃO

> *A humildade é a mãe de todas as virtudes; pureza, caridade e obediência. É na humildade que o nosso amor se torna real, devotado e ardente. Se fores humilde, nada te atingirá, nem elogios nem desgraças, porque tu sabes o que és. Se fores culpado, não ficarás desencorajado. Se te chamarem de santo, tu não te colocarás em um pedestal (Madre Teresa).*

TERESA DE CALCUTÁ, nascida Anjezë Gonxhe Bojaxhiu e comumente conhecida como Madre Teresa, era uma freira católica romana de etnia albanesa. Ao ler sobre essa famosa figura do século XX, apesar de algumas controvérsias sobre sua fé vacilante ao longo dos anos, uma sólida característica se destacou em sua vida: Teresa de Calcutá era humilde.

Ela fundou vários orfanatos e bancos de alimentos, dedicando a vida a alcançar aqueles que tinham fome de comida e amor.

Cresci vendo-a aparecer no noticiário com bastante frequência. Uma senhora de porte pequeno e aparência frágil, com olhos tristes e um sorriso largo. Os holofotes a seguiam, mas ela nunca pareceu se importar em estar sob as luzes. Ela amava Jesus e queria ser sua luz para os feridos, quer as pessoas batessem palmas em aprovação, quer não.

Ao refletir sobre o ministério de Madre Teresa e a humildade com que ela se doou, sou desafiada a buscar minhas próprias motivações quando se trata de servir ao próximo.

Por que faço o que faço?

Seja na galeria do coral nas manhãs de domingo ou falando para mulheres em conferências e retiros, seja falando para missões ou enviando um cartão para um amigo em sofrimento, preciso me lembrar de manter o coração em alerta quanto a sinais de orgulho. Todos precisamos fazer isso.

As palavras de Jesus em Mateus 6 me lembram que devo dar meus dízimos e ofertas, bem como servir pelos motivos certos: simplesmente por amor a Deus e ao próximo.

> *Tenham o cuidado de não praticar as suas obras de justiça diante dos outros para serem vistos por eles. Se fizerem isso, não terão nenhuma recompensa do seu Pai, que está nos céus. — Portanto, quando você cuidar dos necessitados, não anuncie isso tocando trombeta, como fazem os hipócritas nas sinagogas e nas ruas, a fim de serem honrados pelos outros. Em verdade lhes digo que eles já receberam a sua plena recompensa (Versículos 1-2).*

Religião do coração

De acordo com Jesus, a religião não vale nada até que se torne a religião do coração. Esse conceito foi frequentemente o ponto focal de seus ensinamentos durante os três anos de ministério. A religião do coração diz que mais importante do que as expressões externas de fé é a condição do coração.

De fato, durante o famoso Sermão da Montanha, Jesus levou pecados como adultério e assassinato a um novo nível, explicando que esses podem ser também pecados do coração: se alguém odeia seu próximo, ele comete assassinato. Se alguém olhar para uma mulher (ou homem) com desejo, ele ou ela comete adultério (Mateus 5). Mas, por mais que devamos vigiar para evitar que nosso coração tropece, evitando esses "pecados do coração", o Senhor nos adverte nesses versículos sobre outro perigoso inimigo da verdadeira adoração: a hipocrisia.

Ele a chama de "fermento dos fariseus" em Lucas 12:1. E certamente não foi muito gentil em relação à condição do coração dos fariseus quando se tratava de adoração e serviço. Várias vezes Jesus os chamou de hipócritas. Para receber os aplausos e a aprovação dos homens, aqueles líderes optavam por "dar esmolas" nas sinagogas e nas ruas, onde havia maior número de espectadores para aplaudi-los.

Não há nada de errado em doar em público — é aceitável e rotineiro para a maioria dos cristãos. A razão pela qual doamos e servimos é que deve ser analisada. Devemos doar porque amamos a Deus e desejamos obedecê-lo e porque sabemos que doar (sejam nossos recursos ou serviços) é o coração da verdadeira religião: "A religião que Deus, o nosso Pai, aceita como pura e imaculada é esta: cuidar dos órfãos e das viúvas nas suas aflições e não se deixar corromper pelo mundo" (Tiago 1:27).

O CORAÇÃO DOADOR

*Quando estiver ao seu alcance, não deixe de fazer
o bem a quem é devido (Provérbios 3:27).*

DOAR-SE EM SERVIÇO e doar recursos materiais aos que necessitam está no coração da Lei de Moisés e no cristianismo. Ao longo da Bíblia, Deus incentiva seu povo a ser doador de seus recursos e talentos. Considerando que a salvação é somente pela fé em Cristo, uma pessoa verdadeiramente rendida a Cristo não pode deixar de doar. Há um desejo ardente no coração do cristão genuíno de causar impacto no mundo por meio de seus dons e talentos. Doar e servir satisfazem esse desejo.

No entanto, devemos lembrar que a recompensa por trás de tudo que fazemos em nome de Cristo é perdida se for para nossa própria glória e vaidade. Que pensamento assustador o fato de que nosso serviço e doações seriam esquecidos por Deus quando as nossas verdadeiras motivações não são trazer glória a ele! Como Matthew Henry explica em seu comentário:

> *Quantas vezes o serviço é prestado em nome*
> *de Jesus, não pelo princípio de obedecer a*
> *Deus e glorificá-lo, mas para satisfazer o*
> *orgulho e a vanglória de alguém?*[19]

Jesus aborda o assunto (como de costume) diretamente: "Em verdade lhes digo que eles já receberam a sua plena recompensa" (Mateus 6:2). Em outras palavras, Jesus está dizendo: "Aproveite o aplauso e as batidinhas nas costas pelos homens. O céu não se lembrará."

Que nossas *antenas* espirituais estejam sempre alertas para as iscas do orgulho, e assim não percamos a bênção e a verdadeira recompensa de Deus.

O ANTÍDOTO

> *Embora esteja nas alturas, o Senhor olha*
> *para os humildes; já os arrogantes, ele os*
> *reconhece de longe (Salmos 138:6).*

UMA COISA ACONTECEU não faz muito tempo, numa manhã de domingo, que entristeceu meu coração. Enquanto observava a situação se desenrolar, Deus abriu meus olhos espirituais para perceber como é fácil ser enganado por Satanás enquanto servimos.

O Senhor sussurrou em meu espírito: "Muitas pessoas me servem pelo prazer de serem vistas." Serei sincera: a primeira reação foi a de me afobar e julgar a pessoa. "Devemos estar aqui para servir a Deus, não pelo nosso orgulho", meu coração clamou. "Que vergonha, que vergonha!", pensei. Mas, quando Deus colocou seu espelho sagrado diante da minha face, curvei minha cabeça, cheia de culpa.

Quem nunca fez isso? Quem nunca se sentiu orgulhoso por receber o aplauso deste mundo? Creio que todos nós, em algum momento de nosso serviço a Deus. Esta é a natureza humana: sentir-se bem por ser amado e admirado.

---

[19] HENRY, Matthew. *Comentário Bíblico — Antigo Testamento, Volume 1: Mateus a João*. Rio de Janeiro: CPAD, 2015.

No entanto, se formos fortes na fé e quisermos continuar andando de maneira digna diante de qualquer chamado que Deus tenha para nós, devemos estar sempre cientes de que o orgulho é uma armadilha que Satanás usa para tornar nosso serviço ineficaz e sem propósito santo.

Se você ceder ao menor pensamento de orgulho em relação ao seu serviço no Reino, Satanás o levará a pensar que os resultados do seu ministério são devidos aos seus "incríveis" talentos e habilidades. E, antes que você perceba, Deus virará sua face e retirará o favor sobre seu ministério. Porque a verdade é que podemos colher os benefícios daquilo que fazemos para Cristo, e certamente receberemos recompensas pelo que realizamos em seu nome. Mas a glória... ah, a glória pertence a Deus e a ele somente!

Como entendo os perigos por trás de um sentimento de orgulho e de que forma isso pode afetar negativamente nossa fé, gostaria de compartilhar esses passos simples do "antídoto para o orgulho". Se você os observar, certamente manterá pensamentos orgulhosos longe de seu coração:

Passo 1: "Sonda-me, ó Deus"

Sonda-me, ó Deus, e conhece o meu coração; prova-me e conhece as minhas inquietações. Vê se no meu caminho algo te ofende e dirige-me pelo caminho eterno (Salmos 139:23-24).

Ore para que Deus exponha as verdadeiras razões pelas quais você serve. É para a glória dele? É para promover o seu Reino? Ou é para satisfazer um desejo orgulhoso de ser visto, admirado, útil? Se você pedir ao Senhor que o revele a você, ele certamente o fará. Ao fazê-lo, peça para perdoá-lo e ajudá-lo a concentrar seu ministério em promover a glória dele, e assim você poderá adorá-lo verdadeiramente em espírito e em verdade (João 4:24).

Passo 2: agradeça a Deus pelas portas fechadas

Digno és tu, Senhor e Deus nosso, de receber a glória, a honra e o poder, porque criaste todas as coisas, e por tua vontade elas existem e foram criadas (Apocalipse 4:11).

Lembre-se de que Deus foi quem criou todas as coisas, inclusive seu ministério. Quando estiver plenamente consciente dessa verdade, você será capaz de dar glória a ele pelas portas abertas, bem como aceitar as fechadas.

Lembre-se de que o Senhor é quem nos chama para o serviço.

Se não foi escolhido para realizar determinada tarefa, é porque Deus tem outra coisa em mente para você. Aceite e agradeça humildemente a ele pelas portas fechadas. Se o seu coração estiver no lugar certo, você desenvolverá uma sagrada consciência de que está fazendo o que Deus quer que faça e que, quando ele quiser que você o sirva de alguma forma, moverá céus e terra para cumprir a vontade dele para sua vida. Portanto... não manipule a situação!

Passo 3: Reoriente seu foco

Destruímos argumentos e toda altivez que se levanta contra o conhecimento de Deus e levamos cativo todo pensamento para torná-lo obediente a Cristo (2Coríntios 10:5).

UMA VEZ QUE você esteja ciente de sua fraqueza, não baixe a guarda! Satanás não desistirá de induzi-lo a pensar que seu sucesso depende de seus dons e talentos. Você deve estar comprometido em levar todo pensamento cativo de forma contínua, lembrando a Satanás que "Toda boa dádiva e todo dom perfeito vêm do alto e descem do Pai das luzes, que não muda como sombras inconstantes" (Tiago 1:17). De fato, somos vasos vazios sem ele!

Servir a Deus com nossos talentos e dons é uma das coisas mais gratificantes da vida. Encontrei alegria, contentamento, paz e propósito quando Deus abriu portas e me usou para proclamar seu nome.

Minha oração para cada pessoa que lê este livro é que se comprometa a dar glória ao Doador de toda boa dádiva sempre que ocupar o centro do palco. Que possamos permanecer humildes e gratos com a noção de que Deus usa vasos quebrados como nós para aproximar os outros dele.

Mas temos esse tesouro em vasos de barro, para mostrar que este poder que a tudo excede provém de Deus, e não de nós (2Coríntios 4:7).

Que possamos servir a Deus de maneira que, quando as pessoas nos observarem, possam ver além de nossas muitas falhas e ter um vislumbre da graça de Deus. Que possamos perceber a cada dia que, conforme o público aplaude, ele faz isso porque Jesus está presente e é o poder por trás de tudo o que fazemos ou dizemos.

> *Quanto a mim, que eu jamais me glorie, a não ser na cruz de nosso Senhor Jesus Cristo, por meio da qual o mundo foi crucificado para mim, e eu para o mundo (Gálatas 6:14).*

Conforme nos aproximarmos do fim deste livro, gostaria de chamar sua atenção para mais um elemento que não pode ser negligenciado em nossa caminhada de fé. Esse elemento tem o potencial de destruir a Ponte da Fé.

SUBESTIMAR NOSSAS FRAQUEZAS

> *Pois tudo o que há no mundo — a cobiça da carne, a cobiça dos olhos e a ostentação dos bens — não provém do Pai, mas do mundo (1João 2:16).*

EU ME SENTI um pouco como uma colegial quando nossa líder anunciou que Mandisa[20] fazia parte do nosso pequeno grupo naquela conferência de palestrantes e escritores evangélicos. Não a reconheci, sentada quieta no canto da pequena sala. "Ah, isso vai ser bom", pensei. "Agora terei de falar na frente de dez palestrantes experientes *e* de Mandisa." Olhei para a porta e fiquei tentada a sair correndo. Foi quando nossa líder nos disse que Mandisa faria parte do grupo, mas como participante. Ela estava lá para aprender também.

Desde aquele último dia, no verão de 2013, fiz questão de segui-la nas redes sociais e encorajei minhas filhas a baixarem suas músicas em seus *smartphones*. Minha filha mais velha foi à sua primeira conferência cristã e teve a oportunidade de vê-la em uma apresentação. Ficou impressionada com sua música, mas, acima de tudo, com a personalidade e transparência no palco. Ela compartilhou as músicas de

---

[20] Mandisa Lynn Hundley, cantora de música cristã contemporânea estadunidense.

Overcomer, seu mais novo álbum, que já ouvi um milhão de vezes enquanto minhas filhas giram pela casa, dançando ao som de suas canções.

Em janeiro de 2014, Mandisa elevou minha admiração por seu trabalho e personalidade a um novo nível. *Overcomer* ganhou os prêmios de Melhor Álbum Cristão Contemporâneo e Canção do Ano no Grammy Awards nos Estados Unidos. Não assisti ao programa, mas fiquei sabendo da vitória na página dela no Facebook.

Quando seu nome foi anunciado, Mandisa não caminhou em direção ao palco para receber o troféu. Em vez disso, ela estava a quilômetros de distância, em sua casa, assistindo à cerimônia de premiação transmitida ao vivo. Naturalmente, a pergunta começou a pipocar por toda a internet: por que ela escolheu não estar presente à cerimônia?

Em uma postagem no Facebook de 27 de janeiro de 2014, ela explicou os motivos pelos quais optou por não ir. Todos são muito bons, mas um em particular se destacou ao ler o post dela:

> *Finalmente, a quarta razão pela qual escolhi não comparecer este ano: sim, nas duas vezes em que fui ao Grammy, testemunhei apresentações que gostaria de poder apagar da minha memória e, sim, avancei [o vídeo em] várias apresentações este ano; mas minha razão não é por causa deles, é por minha causa. Ultimamente, tenho lutado para estar no mundo, [mas] não pertencer a ele. Recentemente, fui vítima da sedutora atração da carne, do orgulho e de desejos egoístas. [...] Eu sabia que mergulhar em um ambiente que celebra essas coisas era arriscado para mim neste momento. Estou tomando medidas para renovar minha mente e me tornar a mulher centrada no Pai Celestial, completamente satisfeita com Jesus e guiada pelo Espírito Santo como eu sentia há alguns meses, mas estou me sentindo um pouco como uma criança aprendendo a andar novamente com as pernas trêmulas.*

Fiz uma pausa e sorri. Todo o post dela é inspirador, mas essa última parte é a cereja do bolo. Isso me fez pensar em como é fácil para qualquer um ser vítima da sedutora atração de todas as coisas carnais. Somos chamados a estar no mundo, mas não ser do mundo (João 15:19). Fomos escolhidos para ser luz na escuridão, mas muitas vezes deixamos que a escuridão ao redor ofusque nossa luz. Esse é um inimigo perigoso, *muito* perigoso para nossa Ponte da Fé. Mandisa humildemente reconheceu isso e optou por se afastar para uma temporada de renovação e reorientação. Admirável a atitude.

Qualquer um pode cair. Vimos isso na vida de figuras proeminentes da indústria do entretenimento, pessoas que foram criadas na igreja. Temos testemunhado isso na vida de vários líderes de igreja, pastores, bem como pessoas comuns, como você e eu. "Como isso aconteceu?", perguntamos. Acredito que a resposta seja simples: acontece uma pequena decisão de cada vez.

> *Vocês não sabem que um pouco de fermento faz fermentar toda a massa? (1Coríntios 5:6b).*

Os apelos da carne estão perto de nós todos os dias. O diabo tem um exército dedicado a atrair os santos à tentação, à transigência e, por fim, à derrota. Infelizmente, muitos de nós caímos na ilusão de que um pouco disso ou daquilo não fará mal a ninguém.

Que mentira! Na verdade, basta um pequeno passo para entrar na estrada que nos afasta do melhor de Deus. Uma pequena decisão e anos de construção de uma forte Ponte da Fé podem ser perdidos.

Devemos ter muita consciência disso.

Há uma razão pela qual escolhi acreditar que, quando se trata da Palavra de Deus, não há áreas cinzentas, tudo é *preto ou branco*.

Fui rotulada como superprotetora com minhas filhas e tacanha em minhas crenças. Acho que, em comparação aos padrões mundanos, de fato sou. Esse chapéu me serve e prefiro assim.

Por quê?

Porque não sou tão tola para pensar que estou livre de cair nas armadilhas enganosas de Satanás.

Como cristã, vivi por muitos anos espalhando perigosamente meus pés entre a Rocha e o terreno instável de velhos hábitos e concessões. Essa posição me deixou, digamos, desequilibrada. Minha Ponte da Fé? Foi ficando terrivelmente rachada.

O mesmo acontecerá com você ou com qualquer pessoa.

Acredito que manter um estilo de vida mundano cria uma mente dividida, um coração confuso e uma vida cheia de padrões inconstantes.

Para ser a luz do mundo e o sal da terra, devemos deixar que a Palavra de Deus defina e fortaleça nossos limites para que possamos mantê-los. Sua Palavra não deixa espaço para confusão moral. Certo é certo, errado é errado. Nossa carne será frequentemente atraída para o pecado. Devemos conhecer nossas fraquezas para reconhecer quando precisamos recuar, reagrupar e reorientar.

Portanto, aqui está uma boa pergunta para refletir: você se sente atraído por coisas mundanas? Existe algo que você sabe que é uma fraqueza, uma tentação ou uma pedra de tropeço em sua vida?

Se algo lhe vier à mente, pode ser um bom momento para seguir o exemplo corajoso de Mandisa e dar um passo atrás nos ambientes que estão influenciando você.

Talvez seja hora de reorientar e pedir ao Pai para fortalecer sua vida e guiá-lo para que, quando entrar no mundo (como somos chamados a fazer), seja capaz de brilhar de maneira eficaz e irresistível com a luz de Jesus para aqueles que estão presos na escuridão. Melhor ainda, isso lhe ajudará a manter uma sólida Ponte da Fé.

Porque outrora vocês eram trevas, mas agora são luz no Senhor. Vivam como filhos da luz (Efésios 5:8).

Algumas palavras finais

Leitora e leitor, *O segredo da vida plena* não é um livro mágico, garantindo uma vida plena a todos que o leem. No entanto, as lições testadas e comprovadas nestas páginas, se aplicadas, ajudarão você a chegar a um ponto em que suas emoções não controlarão mais seu destino.

Deus nunca prometeu retirar todas as provações, tentações e fraquezas de nossa vida, mas nos deixou um projeto, com instruções perfeitas a seguir. Ele nos deu seu Espírito, e podemos contar com sua orientação a cada passo do caminho.

Você conhece a vida que comecei a seguir em 2006, a vida plena e vitoriosa que Jesus nos prometeu?

Eu a encontrei quando passei por 10 anos com problemas de saúde sérios, inclusive câncer.

Eu a encontrei enquanto lamentava a morte de um ente querido.

Eu a encontrei após perder bens e quando amigos me abandonaram.

Eu a encontrei.

Se você escolher seguir meus passos, escute as lições que Deus me ensinou na caminhada de fé. Eu garanto: você a encontrará também. Não vai acontecer da noite para o dia. Encontrar a vida plena em Cristo é um processo que você precisa escolher seguir, um dia por vez. Um desafio por vez. Uma bênção por vez. Sempre terá de ser algo pessoal, uma escolha deliberada de sua parte.

Paulo conhecia isso muito bem. Ele também encontrou a vida plena. Em sua carta à igreja de Filipos, ele contou o segredo de seu contentamento:

> *Não estou dizendo isso porque esteja necessitado, pois aprendi a contentar-me em toda e qualquer circunstância. Sei o que é passar necessidade e sei o que é ter fartura. Aprendi a passar por toda e qualquer situação, seja bem alimentado, seja com fome; tendo muito ou passando necessidade. Tudo posso naquele que me fortalece (Filipenses 4:11-13).*

Seu segredo? Ficar focado em Cristo. Quando passava pela dor, ele dizia a seu coração que acreditasse no seu Salvador. Quando em necessidade, ele fazia o mesmo. Quando a vida era bonita, ele ainda focava o Messias. Ele continuou dizendo ao seu coração para confiar todo dia no seu Deus até que ele chegasse ao lugar no qual suas circunstâncias não o destruíssem.

> *De todos os lados somos pressionados, mas não desanimados; ficamos perplexos, mas não desesperados; somos perseguidos, mas não abandonados; abatidos, mas não destruídos (2Coríntios 4:8-9).*

O mesmo acontecerá com você: diga ao seu coração o que você sabe sobre seu Criador, Redentor e Salvador. Diga-lhe sobre sua onipotência, sua onipresença, sua fidelidade e seu amor repleto de graça.

Se você repetir isso seguidamente, seu coração será convencido.

E você saberá que o seu coração assimilou as lições contidas em *O segredo da vida plena* quando você alcançar a alegria, o contentamento e a realização, não importa quais sejam suas circunstâncias.

Porque esses são os frutos demonstrados na vida daqueles cujo coração está ancorado em Jesus, na vida daqueles que constroem e mantêm uma forte Ponte da Fé de 30 centímetros entre a mente e o coração.

Direção editorial
Daniele Cajueiro

Editor responsável
Omar Souza

Produção editorial
Adriana Torres
Júlia Ribeiro
Allex Machado

Adaptação e redação
Omar Souza

Copidesque
Rita Godoy

Revisão
Fernanda Lutfi

Capa
Rafael Brum

Projeto gráfico de miolo
Jan Derevjanik

Diagramação
Alfredo Loureiro

Este livro foi impresso em 2024, pela Vozes, para a Novo Céu.
O papel do miolo é Avena 70g/m² e o da capa é Cartão 250g/m².